CALLWEY

W0410606

Lufthansa

NEW YORK

CITY GUIDE

Texte und Redaktion
MARIANNE VON WALDENFELS

CALLWEY

Lässig abhängen: Zimmer im 1 Hotel Brooklyn Bridge mit Megablick und Hängematte

NEW YORK

Das Beste zu Beginn
DIE STADT DER SUPERLATIVE
Seite 6

Interview mit dem Hotelmanager
THOMAS CARRERAS
Seite 16

1
LOWER MANHATTAN & TRIBECA
Seite 18

Interview mit dem Stilvorbild
OLIVIA PALERMO
Seite 28

2
SOHO, NOHO, LITTLE ITALY & CHINATOWN
Seite 30

Interview mit den Away-Gründerinnen
JEN RUBIO & STEPH KOREY
Seite 40

3
WEST VILLAGE & GREENWICH VILLAGE
mit **SOPHIE GRÜTZNER**
Seite 44

4
EAST VILLAGE & LOWER EAST SIDE
Seite 54

Interview mit dem Starkoch
FLYNN MCGARRY
Seite 64

5
CHELSEA & MEATPACKING DISTRICT
Seite 66

Interview mit der Agenturchefin
VANESSA VON BISMARCK
Seite 74

6
FLATIRON & GRAMERCY PARK
Seite 78

Interview mit der Bestsellerautorin
WEDNESDAY MARTIN
Seite 86

7
MIDTOWN & HELL'S KITCHEN
Seite 88

Interview mit der Modedesignerin
TORY BURCH
Seite 98

8
UPPER EAST SIDE, UPPER WEST SIDE & CENTRAL PARK
Seite 102

Interview mit dem In-Galeristen
PATRICK PARRISH
Seite 110

9
BROOKLYN
Seite 114

Interview mit dem Kultkünstler
DUSTIN YELLIN
Seite 124

Bildnachweis / Impressum
ab Seite 127

Die Stadt der Superlative. In New York ist alles gigantischer, spektakulärer und schneller als anderswo. Hier steht der höchste Wolkenkratzer der USA, die mächtigste Börse der Welt an der Wall Street, Trends entstehen im Sekundentakt. Jeden Abend hat entweder ein neues Musical seine Uraufführung, ein Theaterstück oder ein Film Premiere. Die Kunst, die in den Galerien in Chelsea ausgestellt wird, beeinflusst den Weltmarkt maßgeblich. Klar, schließlich steht dieser Wahnsinnsort für den berühmten »American Dream«, für Pioniergeist und Freiheit wie keine andere. »If I can make it there, I'll make it anywhere…«, versprach Frank Sinatra in seinem Megahit »New York, New York«. Die Stadt ist aufregend, glamourös, manchmal auch brutal, Nervenkitzel Tag und Nacht. Sie fühlt sich an, als sei sie ständig im Aufbruch. Der Verkehr mit seinem unaufhörlichen Gehupe und Sirenengeheul – New York kommt nie zur Ruhe. Und gerät nur selten aus der Fassung.

Wie an jenem **11. September 2001,** als Terroristen mit Passagierflugzeugen die Zwillingstürme des World Trade Center zum Einsturz brachten und 2.989 Menschen starben. 9/11. Ein Begriff, der für Trauer, Wut, aber auch für die unbändige Kraft steht, wieder aufzustehen. Denn nach der ersten Verunsicherung entstand eine ungeheure Stärke und Solidarität. Und das Herz der Stadt trieb seine Bewohner wieder voran – etwa 8,5 Millionen Menschen leben hier.

Wer die Seele dieser Stadt spüren will, muss tief eintauchen. Natürlich schreiben wir auch in diesem Buch über die Sehenswürdigkeiten, die Sie in den anderen New-York-Führern finden: das Metropolitan Museum of Modern Art (MoMA), den Central Park, die »**High Line**« oder das »9/11 Memorial«. Aber das ist nur ein kleiner Ausschnitt von dem, was New York so besonders macht. Wir wollen Ihnen in erster Linie Orte zeigen, die man ohne die Hilfe von Insidern nicht findet. Wir haben Menschen gefragt, die in New York leben und diese Stadt lieben. **Tory Burch** (S. 98), eine der einflussreichsten Designerinnen der USA, erzählt uns, in welche Restaurants sie am liebsten mit ihren Söhnen zum Dinner geht und wo sie ihren Schmuck kauft. Stilikone **Olivia Palermo** (S. 28) erklärt, in welchen Shops sie ihre vielkopierten Looks findet und wo sie gerne mal einen Late-Night-Drink nimmt. Agenturchefin **Vanessa von Bismarck** (S. 74) verrät, in welchen Läden man den besten Hamburger und die köstlichsten Tacos der Stadt bekommt und welche Galerien besonders inspirierend sind.

Neun außergewöhnliche Persönlichkeiten beschreiben ihre Lieblingsplätze, die New York für sie so einmalig machen: Avantgarde-Galerien, **intime Nachbarschafts-Bars,** ungewöhnlich kuratierte Boutiquen, **versteckte Gärten,** Weltklasse-Restaurants und **originelle Hotels.** Wir haben diesen Reiseführer in Viertel aufgeteilt, denn jedes Viertel hat seinen ganz eigenen Charakter – von der noblen Upper East Side mit ihren prunkvollen Palästen, berühmten Museen und **Old-Money-Flair,** dem trubeligen Shoppingmekka SoHo über das »Village« mit seinen kleinen Restaurants, Coffeeshops und Läden bis zur Lower East Side. Lassen Sie sich inspirieren und planen Sie Ihre Reise. Viel Spaß!

Austern mit Aussicht werden auf dem Schoner »Grand Banks« in Tribeca serviert

INSIDER-TIPP DER CREW

IMMER WENN ICH AUFGRUND DES JETLAGS MAL WIEDER FRÜH WACH BIN, LAUFE ICH IN NEWPORT NEW JERSEY – DORT IST UNSER CREW-HOTEL – ANS UFER DES HUDSON RIVER UND ZUM LEFRAK POINT LIGHTHOUSE. VON DORT AUS HAT MAN EINEN FANTASTISCHEN BLICK AUF GANZ MANHATTAN. MAN KANN SICH AUF DEM WEG DORTHIN EINEN KAFFEE KAUFEN, SICH AUF EINE BANK IN DIE SONNE SETZEN UND DIE FRÜHEN MORGENSTUNDEN IN RUHE GENIESSEN.

Lena Keilholz
Flugbegleiterin

FACTS

VOM FLUGHAFEN IN DIE STADT

Für alle drei Flughäfen gilt: Während der Rushhour (Peak: ca. 16–17.30 Uhr) mehr Zeit einplanen! Stop & Go auf diversen Strecken! Und: Nur die offiziellen Yellow Cabs nehmen.

JFK
Ca. 25 Kilometer entfernt, Fahrtzeit mit dem Taxi nach Manhattan: etwa 45 bis 60 Minuten. Preis: ca. 52 $ plus Mautgebühr. Mit dem Shuttlebus: Der New York Airport Service Express Bus hält an der Grand Central Station, am Port Authority, an der Penn Station und am Bryant Park. Kosten: ca. 15 $.

Newark
Liegt in New Jersey, etwa 26 Kilometer südwestlich von Manhattan. Preis fürs Taxi: zwischen 60 und 75 $ plus Brücken- oder Tunnelgebühr. Mit dem Air Train/Zug zur Penn Station: ca. 12,50 $.

La Guardia
Nur etwa 14 Kilometer von Manhattan entfernt, das Taxi kostet zwischen 30 und 40 $ plus Gebühren. Alternativ: Den Expressbus »NYC Airporter« nehmen, der halbstündlich zur Grand Central Station und zur Penn Station fährt. Preis: ca. 13 $.

UNTERWEGS IN NEW YORK

Taxis bzw. Yellow Cabs sind beliebte Fortbewegungsmittel. Nachteil: Man steht ständig im Stau. Am schnellsten ist man mit der Subway unterwegs. Dafür sollte man sich eine Metrocard besorgen, die man beliebig mit Guthaben aufladen kann. Achtung: Wenn man die Metrocard an einem Automaten kauft, wird man nach einem fünfstelligen Zipcode (Postleitzahl) gefragt. Am besten 00000 eingeben.

TRINKGELD

Die einfache Regel: Double Tax! Auf den meisten Rechnungen wird die Steuer ausgewiesen. Diese sollten Sie einfach verdoppeln, dann machen Sie auf keinen Fall etwas falsch. Das Service-Personal lebt nämlich in New York in der Regel von seinem Trinkgeld.

3 DINGE, DIE SIE IN NEW YORK UNBEDINGT VERMEIDEN SOLLTEN

1. Eine Bootstour zur Freiheitsstatue. Viel besser: Die kostenlose Staten Island Ferry nehmen und den Blick auf das berühmte Wahrzeichen umsonst genießen.

2. Stundenlang anstehen, um aufs Empire State Building zu kommen. Der Ausblick vom »Top of the Rock« ist nicht weniger spektakulär, (fast) ohne Wartezeiten.

3. In einem der Restaurants in Little Italy mit sehr mäßigem Essen und ziemlich happigen Preisen landen. Das »echte« Little Italy liegt in der Bronx – zwischen Arthur Avenue und Belmont Avenue.

Stylisher Hotspot in SoHo: La Mercerie im Designstore Roman and Williams Guild

Ausflugstipp: Coney Island mit seinem Riesenrad

NEW YORK MIT KINDERN

Hits für Kids: Viele Museen haben tolle Programme – der Klassiker ist natürlich das American Museum of Natural History, das wir aus den »Nachts im Museum«-Blockbustern kennen. Dazu kommen ausgefallene Spielwarenläden, eine atemberaubende Miniaturwelt und genügend Möglichkeiten, sich draußen auszutoben: vom Kajak bis zum Trapez. Hier unsere Tipps für gelungene Tage mit Kindern in New York.

LIEBLINGSLÄDEN

Evolution Store
687 Broadway
theevolutionstore.com
Halb Naturkunde-Laden, halb Museum. Was hier in den Regalen steht? Ein knallrosa Lutscher mit einem Skorpion im Inneren, ein lebensgroßes menschliches Skelett, Briefbeschwerer aus Harz, in denen Schmetterlinge stecken. Der Schädel eines Kojoten, Schmuck aus Käfern. Der wunderbar skurrile Shop in Greenwich Village ist immer noch in Familienbesitz. Unbedingt ordentlich Zeit einplanen, staunen und shoppen.

Yoya
605 Hudson Street
yoyanyc.com
Niedliche Kleider von Morley, Sneakers und Bodys von Bonton, süße Shirts von Tiny Cottons und Bonheur du Jour. Wer auf der Suche nach außergewöhnlicher Kinderkleidung ist, wird im Konzeptstore der Kolumbianerin Christina Villegas im West Village garantiert fündig.

Norman & Jules
158 Seventh Avenue
normanandjules.com
Dieser Store in Brooklyn ist außerordentlich beliebt – aus gutem Grund: Alles, vom Holzspielzeug über die handgenähten Stoffpuppen bis hin zu den Musikinstrumenten und Bastelsets, soll die Fantasie der Kleinen anregen. Viele der Spielsachen werden von kleinen, lokalen Designern aus Brooklyn hergestellt.

KULTUR

Besonders beliebt: das **American Museum of Natural History** (*amnh.org*) auf der Upper West Side. Highlights: Die Dinosaurier (4. Etage), natürlich steht hier auch der gigantische T-Rex, der im Film zum Leben erwacht. Und die Big-Bang-Vorführung im **Hayden Big Bang Theater,** bei der der Urknall simuliert wird. Auch beeindruckend: der fast 30 Meter lange Blauwal in der Milstein Hall of Ocean Life.

AB NACH DRAUSSEN!

Am **Pier 25** in Tribeca liegt einer der coolsten Spielplätze der Stadt, er besitzt sogar eine Kletterwand und im Sommer diverse Wasserspielmöglichkeiten. Praktisch: Direkt davor liegen ein Skatepark und ein Minigolfplatz. Toll zum Toben: die **»Zucker Natural Exploration Area«** im Prospect Park in Brooklyn (31 East Drive Nellie's Lawn, Prospect Park). Ein Naturspielplatz ohne Geräte, dafür mit Baumstämmen zum Klettern, einer Wasserpumpe zum ordentlich Matschmachen und einem riesigen Sandkasten. Ein Klassiker: **Coney Island** mit seinem Vergnügungspark an der Südspitze von Brooklyn. Noch ein Tipp: An der Südspitze von Manhattan, im Battery Park, steht das **»Seaglass Carousel«** in Form einer Meeresschnecke. Wer ein Ticket kauft, darf sich auf einem der 30 beleuchteten Fische zur Musik im Kreise drehen.

New York Trapeze School
»Sex and the City«-Fans werden sich erinnern: Hier musste Carrie (Sarah Jessica Parker) einst für einen ihrer Artikel eine Trapezstunde nehmen. Zirkusvergnügen für alle, direkt am Hudson River. Für Kinder zwischen 6 und 14 Jahren gibt es spezielle Programme. (*newyork.trapezeschool.com*).

WASSER MARSCH!

Kajak-Touren auf dem East River oder auf dem Hudson River sind im Sommer ein herrliches Vergnügen! Von Mai bis August bieten der Brooklyn Bridge Park (zwischen Pier 1 und 2) und der Hudson River Park am Pier 26 (*downtownboathouse.org*) kostenloses Kajakfahren an. Praktisch: Die gesamte Ausrüstung wird gestellt. Alternativ: Paddeln im Ruderboot im Central Park. Zu leihen gibt es die Boote beim Loebs Boat House (*thecentralparkboathouse.com*). Auch ein großer Spaß: Surfern zugucken und einen Tag am Strand von **Rockaway Beach** ganz im Süden von Queens genießen (am besten ist der mit der Subway oder der Rockaway Ferry zu erreichen). Zum Lunch köstliche, frische Tacos im ziemlich angesagten Rockaway Beach Surf Club bestellen (*rockawaybeachsurfclub.com*).

BEI SCHLECHTEM WETTER!

Gullivers Gate
216 W 44th Street
gulliversgate.com
4500 Quadratmeter große Miniaturwelt beim Times Square. Von den Pyramiden bis zum Empire State Building – die großen Bauwerke der Erde sind mit viel Liebe zum Detail in Kleinstformat nachgebaut.

IN DER LUFT

In der Luft
Mit der Seilbahn über den East River: Fünf Minuten dauert die Fahrt mit der »Roosevelt Island Tramway« nach Roosevelt Island, einer Insel zwischen Manhattan und Queens.

MUSICAL- UND THEATERTICKETS

Tipp: Im rotweißen TKTS-Kiosk am Broadway, am South Street Seaport und in Brooklyn werden Karten für Broadway- und Off-Broadway-Shows für bis zu 50 Prozent des Originalpreises verkauft (*tdf.org*).

Lagerfeuer-Romantik mitten in New York? Gibt es! Und zwar beim Glamping auf Governors Island

Collective Retreats: Zelten mit Blick auf die Freiheitsstatue

EVENTS UND TERMINE

FEBRUAR UND SEPTEMBER

New York Fashion Week: Auftakt des Modenschauen-Reigens. Der Fashion Inner Circle aus aller Welt reist an, um Marc Jacobs, Tom Ford, Tory Burch & Co. auf dem Laufsteg und jede Menge Streetstyle-Größen abseits der Runways zu bewundern (*nyfw.com*).

MÄRZ

Whitney Biennial: richtungsweisende Ausstellung von zeitgenössischen US-amerikanischen Künstlern alle zwei Jahre im Whitney Museum of American Art (*whitney.org*).

Met Gala 2018: Alessandro Michele (Gucci) und Sängerin Lana del Rey

APRIL

Tribeca Film Festival: intimes Filmfest, das Robert de Niro im Jahr 2002 gegründet hat (*tribecafilm.com*).

MAI

SummerStage: Bis Anfang September werden in 16 Parks über 100 Konzerte aufgeführt – von Klassik bis Rap. Das Beste: Sie sind kostenlos (*cityparksfoundation.org/summerstage*).

Met Gala: große Roben, Glanz und Gloria im Metropolitan Museum of Art. *Vogue*-Chefin Anna Wintour ist seit 1995 die Gastgeberin der Spendengala, die Geld für das New Yorker Costume Institute sammelt. Wichtigster Termin im Kalender der Society.

Shakespeare in the Park: Highlight für Theaterfreunde. Unter freiem Himmel, mitten im Central Park im Delacorte Theater, werden Stücke des berühmten Briten gezeigt (*publictheater.org*).

JUNI

HBO Bryant Park Summer Film Festival: Filmklassiker unter freiem Himmel im Bryant Park gucken (*bryantpark.org/programs/movie-nights*)! Das Beste: Die Vorführungen sind umsonst.

Mermaid Parade: Wunderbar schräg – mit dieser Parade wird seit 1983 auf Coney Island der Sommer eingeläutet. Zu sehen gibt es unter anderem die verrücktesten Verkleidungen von Meerjungfrauen bis zu Seemonstern (*coneyisland.com*).

Museum Mile Festival: freier Eintritt in die berühmtesten Museen der Stadt, täglich ab 18 Uhr, unter anderem ins Guggenheim und ins Metropolitan Museum of Art (*museummilefestival.org*).

JULI

4th of July: Der amerikanische Unabhängigkeitstag wird mit Feuerwerk, Paraden und Festen gefeiert.

SEPTEMBER

Feast of San Gennaro: Straßenfest in Little Italy mit Livemusik und köstlichen Essensständen zu Ehren des Schutzpatrons von Neapel.

OKTOBER

Greenwich Village Halloween Parade: Gruselkostüm-Spektakel in den Straßen des Village, wilde Abschlussparty am Washington Square (*halloween-nyc.com*).

NOVEMBER

New York Marathon: der größte Marathon der Welt und für viele Läufer und Fans der absolute Höhepunkt des Jahres!

ZUR EINSTIMMUNG: FILME, SERIEN UND BÜCHER, IN DENEN NEW YORK DIE HAUPTROLLE SPIELT

»Sarah und Sam« mit Amy Irving und Jeroen Krabbé

FILME & SERIEN

Die große Liebe meines Lebens (1957): Cary Grant und Deborah Kerr in der Ur-Mutter der Herz-Schmerz-Liebesgeschichten, in der das Dach des Empire State Building eine tragische Rolle spielt.

Sex & the City (1998–2004): Kultserie um die Kolumnistin Carrie Bradshaw (Sarah Jessica Parker), ihre drei besten Freundinnen und um Liebe, Freundschaft und Männer.

Harry & Sally (1989): Harry (Billy Crystal) und Sally (Meg Ryan) freunden sich an, als sie von Chicago nach New York ziehen. Und treffen sich über die Jahre hinweg immer wieder, an den verschiedensten Plätzen der Stadt. Die berühmte Orgasmusszene fand z. B. bei Katz's (S. 56) statt.

Der Pate (1972): legendäres Mafia-Epos um die New Yorker Mobster-Familie Corleone (mit Marlon Brando und Al Pacino), gedreht vom Großmeister Martin Scorsese.

Sarah und Sam (1988): liebenswerte Komödie um eine Buchhändlerin (Amy Irving), die von ihrer Großmutter mit einem jüdischen Gurkenhändler (Peter Riegert) von der Lower East Side verkuppelt werden soll.

Manhattan (1979): Woodie Allens Komödie über die Beziehungen zwischen ziemlich neurotischen Intellektuellen, mit Diane Keaton und Meryl Streep, ist eine Hommage an seine Heimatstadt.

BÜCHER

Das Herz der Welt von Nik Cohn. Pointiert und mit viel Herz erzählt der Autor von seinen Spaziergängen über den Broadway und von seinen Begegnungen mit den Gestrandeten, den Träumern und Grenzgängern.

Fegefeuer der Eitelkeiten von Tom Wolfe. DER New-York-Roman der späten 80er-Jahre: monumentales Sittengemälde von New York und seiner von Rassismus und Korruption durchsetzten Gesellschaft.

New York Geschichten von Dorothy Parker. Geistreiche Short Stories, in denen die berühmte Schriftstellerin die New Yorker Gesellschaft der 20er- und 30er-Jahre messerscharf und äußerst unterhaltsam beschreibt.

Frühstück bei Tiffany von Truman Capote. Anrührend, lustig und manchmal melancholisch: Die berühmte, vielzitierte Geschichte des Partygirls Holly Golightly, später mit Audrey Hepburn in der Hauptrolle verfilmt.

Der Distelfink von Donna Tartt. Ein echtes Meisterwerk: In der virtuos geschriebenen Coming-of-Age-Geschichte mit vielen überraschenden Wendungen spielen verschiedene Orte in New York eine gewichtige Rolle.

THOMAS CARRERAS

Was soll ich in New York erleben, was nicht in jedem Reiseführer steht? Thomas Carreras, General Manager des »Four Seasons Hotel New York Downtown« in Lower Manhattan, muss diese Frage täglich mehrmals beantworten. Sein Mini-Guide für einen Kurzaufenthalt.

5 DINGE, DIE MAN TUN ODER SEHEN SOLLTE?

— Livemusik-Locations wie **Blue Note** *(bluenotejazz.com)* oder die **Rose Bar** am Dienstag im Gramercy Park Hotel (S. 84) besuchen, Off-Broadway-Shows sehen und wirklich alle Stadtbezirke erkunden: Das »echte« Little Italy liegt tatsächlich in der **Bronx.**
Gehen Sie über die **Brooklyn Bridge** nach »Dumbo«, erkunden Sie die Gegend, gönnen Sie sich das Wassertaxi zurück zur Wall Street und kehren Sie im **The Dead Rabbit** (S. 23) auf einen Cocktail ein.
Nehmen Sie die kostenlose Fähre nach **Governors Island** (S. 26) – am besten mit einer Flasche Wein im Gepäck – und holen Sie sich bei einem der Foodtrucks Snacks für ein Picknick.
Den **Washington Square Park.** Auf einem der Wege steht in der Mitte ein Klavier, auf dem immer irgendjemand spielt. Ein schöner Ort, um den Sternenhimmel zu beobachten oder um einfach zu relaxen. Alternative: In der **Bar auf dem Dach** des Metropolitan Museum of Art (S. 108) Rosé trinken. Ein weiteres Museum, das die Kulisse der Stadt perfekt in Szene setzt, ist das **Whitney Museum of American Art** (S. 73) in seinem neuen Gebäude im Meatpacking District. Es bietet einen atemberaubenden Blick auf New York. Apropos ... wenn Sie eine tolle Aussicht möchten: Die beste der Stadt hat man vom **One World Observatory** (S. 20), nur wenige Gehminuten von unserem Hotel entfernt. Der Trick ist, eine Stunde vor Sonnenuntergang zu kommen und bis eine Stunde danach zu bleiben. Magisch: New York erst bei Tag und dann bei Nacht zu sehen – und das alles bei einem Besuch.

WAS SIND IHRE LIEBLINGSPLÄTZE DER STADT?

— Die »High Line« (S. 68), das **Five Leaves** (S. 118) in Williamsburg zum Brunch, **Mariscos Tacos** (409 W 15th Street, *losmariscos1.com*) im Meatpacking District, **The Boat House** (East 72nd Street/Park Drive North, *thecentralpark-boathouse.com*) im Central Park, **Roberta's Pizza Beer Garden** in Bushwick (S. 119), das Lokal **Smith & Mills** (S. 22), die Bar **Dutch Kills** (27–24 Jackson Avenue, *dutchkillsbar.com*), **Tiny's and the Bar Upstairs** (S. 23). Die Bar **Death and Co** (433 E 6th Street, *deathand-company.com*) im East Village, das Restaurant **Odeon** (S. 22), **Smorgasburg Food Market** (S. 122), **Blue Ribbon Sushi** in SoHo (97 Sullivan Street, *blue-ribbonrestaurants.com*) und die **Dachterrasse des William Vale Hotel** in Brooklyn (111 N. 12th Street, *thewilliamvale.com*) wegen des coolen Blicks auf die Stadt.

WELCHE SEHENSWÜRDIGKEITEN IN NEW YORK SIND EIN MUSS?

— »Top of the Rock« (S. 97), Central Park (S. 103 ff.), der Gantry Plaza State Park in Queens mit Wahnsinnsblick auf Manhattan. Die **»See No More«-Show** im McKittrick Hotel (S. 73) und man sollte unbedingt einmal über die Brooklyn Bridge gehen.

WELCHE LÄDEN EMPFEHLEN SIE ZUM EINKAUFEN?

— Die meisten Läden liegen in SoHo oder Downtown: **Patron of the New** (S. 23), das **Archive of Contemporary Music** (54 White Street, *arcmusic.org*) und **Jeffrey New York** (S. 71), **Kith** (337 Lafayette Street, kith.com). Außerdem **Espasso** (S. 20), **Amacord Vintage Couture** (S. 120) in Williamsburg, **Opening Ceremony** (35 Howard Street, *openingceremony.com*), **Bergdorf Goodman** (S. 94), **Edon Manor** (391 Greenwich Street, *edonmanor.com*), **American Two Shot** (S. 35), **Totokaleo** (190 Bowery, *totokaleo.com*) und **Steve Alan.** Und vergessen Sie nicht, die Madison Avenue entlangzuschlendern.

WAS SOLLTE MAN SICH IMMER GÖNNEN, WENN MAN IN NEW YORK IST?

— Ehrlich gesagt, zusätzliche Zeit ... oder eine MetroCard Unlimited.

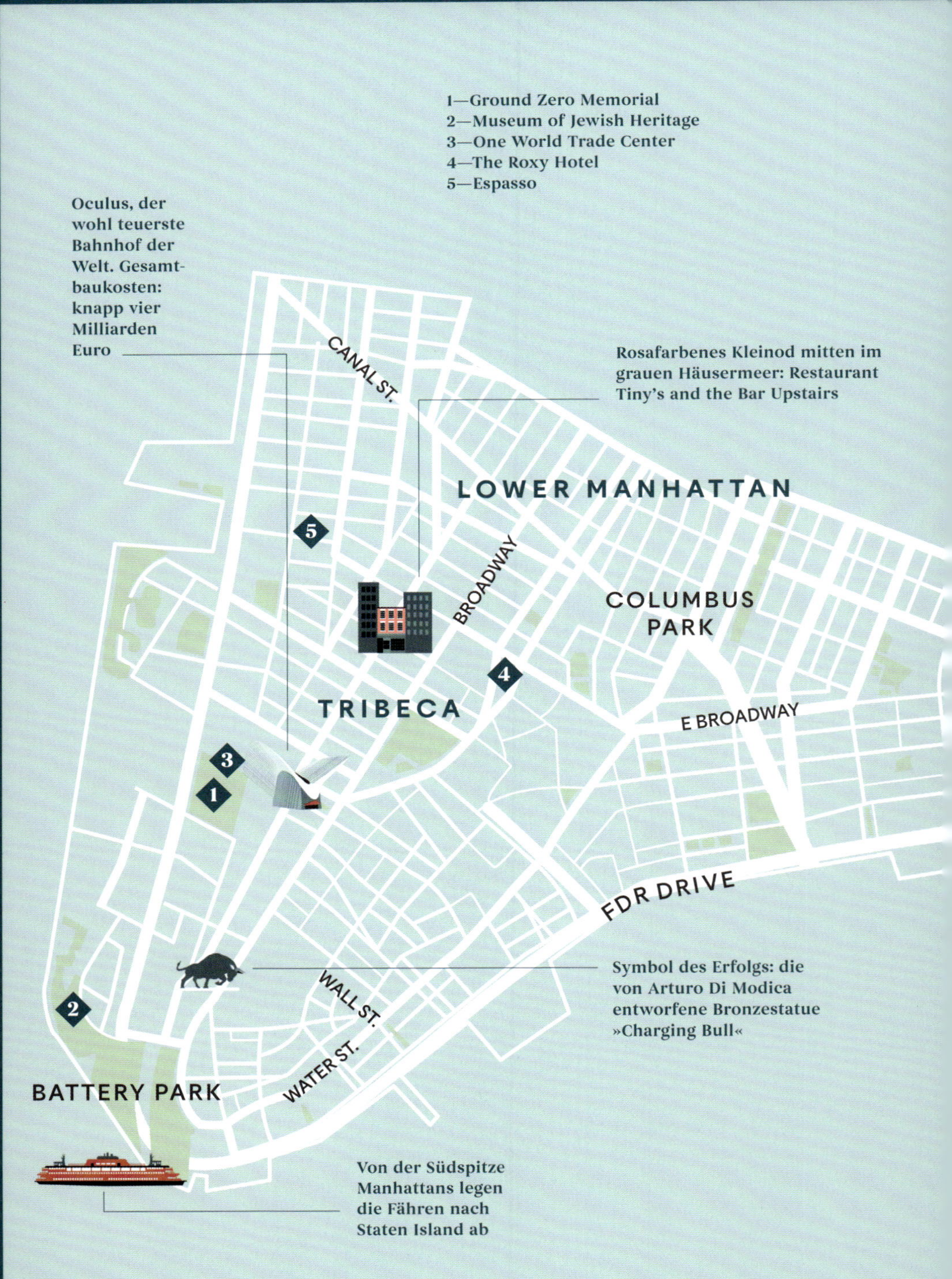
1—Ground Zero Memorial
2—Museum of Jewish Heritage
3—One World Trade Center
4—The Roxy Hotel
5—Espasso
Oculus, der wohl teuerste Bahnhof der Welt. Gesamtbaukosten: knapp vier Milliarden Euro
Rosafarbenes Kleinod mitten im grauen Häusermeer: Restaurant Tiny's and the Bar Upstairs
CANAL ST.
LOWER MANHATTAN
BROADWAY
COLUMBUS PARK
TRIBECA
E BROADWAY
FDR DRIVE
Symbol des Erfolgs: die von Arturo Di Modica entworfene Bronzestatue »Charging Bull«
WALL ST.
WATER ST.
BATTERY PARK
Von der Südspitze Manhattans legen die Fähren nach Staten Island ab

TOUR

1

LOWER MANHATTAN & TRIBECA

Historisches Herz und Zentrum des Kapitalismus am südlichen Ende von Manhattan. Hier liegt zwischen Wolkenkratzern eine der berühmtesten Straßen der Welt, die **Wall Street.** Und hier ereignete sich eine der größten Tragödien des Landes: die Anschläge vom 11. September 2001 auf die Zwillingstürme des World Trade Centers; heute erinnert an dieser Stelle das **Ground Zero Memorial** an die Opfer.
Während in Lower Manhattan die Straßen abends leer werden, sobald die Hedgefonds-Manager Feierabend machen, hat sich das nördlich angrenzende Tribeca in ein nobles Ausgeh- und Wohnviertel verwandelt: Viele ehemalige Lagergebäude werden heute als Ateliers, Galerien und Lofts genutzt. **Robert de Niro** belebte diese heruntergekommene Lagerhausgegend, das »Triangle below Canal Street«, Anfang der 90er-Jahre neu.

SPAZIERGANG: VON DER SÜDSPITZE MANHATTANS ZUM ONE WORLD TRADE CENTER UND ZU DEN HOTSPOTS VON TRIBECA

Los geht es ganz an der Südspitze von Manhattan, an der U-Bahn-Station Whitehall/South Ferry. Hier legt auch rund um die Uhr die kostenlose **Staten Island Ferry** ab, von der aus man den wahrscheinlich besten Blick auf die Freiheitsstatue und die Skyline von Manhattan hat. Nicht zur Rush Hour nehmen! Auch schöne Aussichten auf das berühmte Wahrzeichen von New York bieten sich beim Bummel durch den Battery Park am Wasser entlang zum **Museum of Jewish Heritage** (36 Battery Place, mjhnyc.org). Das Haus widmet sich auf drei Etagen der Geschichte der Juden im 20. Jahrhundert. Weiter ins Epizetrum der Finanzbranche. Zur Wall Street. Einmal an der Bronzestatue **Charging Bull** (Broadway/Morris Street) vorbei, am JP-Morgan-Gebäude (Nr. 23), Fassade des Gotham City Stock Exchange im Film »The Dark Knight Rises«. Und an der Federal Hall (26 Wall Street) – hier wurde die Bill of Rights beschlossen. Verschnaufpause mit einem köstlichen Törtchen in der Financier Patisserie (35 Cedar Street). In Richtung Westen gelangt man zu einem der bewegendsten Orte der Stadt: Ground Zero mit dem 9/11 Memorial Museum, dem **One World Trade Center** (zurzeit teuerster Wolkenkratzer der Welt mit New Yorks höchster Aussichtsplattform, dem One World Observatory) und dem 9/11 Memorial. An dem Ort, an dem einst die Zwillingstürme des World Trade Center standen, wurden zwei Brunnen in die Erde eingelassen. Sehr bewegend: Auf Bronzetafeln sind die Namen der 2.989 Anschlagsopfer eingraviert. Dort befindet sich der derzeit teuerste Bahnhof der Welt – **Oculus**, ein beeindruckender futuristischer Verkehrsknotenpunkt gleich neben Ground Zero, entworfen von Stararchitekt Santiago Calatrava. Szenenwechsel, ein paar Straßen weiter nördlich nach Tribeca, in Robert de Niros Heimatviertel. Kurze Stärkung mit einem Drink in der hippen Bar des Hotels **Roxy** (S. 26). Um die Ecke, auf der Leonard Street (Nr. 66), sollte man einen Blick auf das Textile Building werfen, 1901 erbaut und eines der schönsten Beispiele für die Architektur der Neo-Renaissance. Wer über die Franklin Street bummelt, kommt am Tribeca Film Center vorbei, Heimat des alljährlichen Tribeca Film Festivals. Und bei Steve Alan (103 Franklin Street), einer lohnenswerten Adresse für Mode und Lifestyle. Tipp für Designfans: der Showroom **Espasso** (38 N Moore Street), der über eine hervorragend kuratierte Interiorsammlung von süd- und lateinamerikanischen Designern des 21. Jahrhunderts und der Moderne verfügt. Highlight des Tages: frische Austern und Drinks auf der »Grand Banks«, einem Schiff am Pier 25 (S. 23).

Linke Spalte: One World Obervatory (oben). Die Haupthalle des unterirdischen Bahnhofs Oculus (Mitte). Restaurant Odeon (unten)

Rechte Spalte: Esszimmer einer Suite im noblen Greenwich Hotel (oben). Der Showroom Espasso hat unter anderem brasilianische Designer im Angebot (unten)

ESSEN UND TRINKEN

Restaurant im Retro-Style: Odeon

FRÜHSTÜCK

Maman
211 West Broadway
mamannyc.com
Backsteinwände, Möbel im Shabby-Look, französische Landhaus-Atmosphäre. Maman hat mehrere Locations in der Stadt, jede ist eine Nummer-sicher-Wahl für Frühstück oder einen leichten Lunch. Tipp: das Truffle Croque Maman und die Honey Lavender Latte probieren!

LUNCH

Smith & Mills
31 North Moore Street
smithandmills.com
Gemütliches, intimes Restaurant gleich beim Greenwich Hotel. Die Räume sind im Industrial-Dekor gestylt, ein alter Aufzug dient jetzt als Toilette, der Service ist besonders herzlich. Der Renner auf der Karte? Natürlich der Burger! Alternativ: Muscheln in Weißwein. Und zum Nachtisch die Chocolate Mousse. Achtung: Man kann leider nicht reservieren!

Barbalu
225–227 Front Street
barbalu.com
Das Ehepaar Stefano Barbagallo und Adriana Luque betreiben diesen herzlichen Italiener um die Ecke vom South Street Seaport – ihr altes Restaurant, das an der gleichen Stelle stand, wurde von Hurrikan Sandy zerstört. Zu empfehlen: die Pastagerichte, vor allem die Penne mit Gorgonzola und Walnüssen. Und als Nachtisch Tiramisu.

DINNER

Atera
77 Worth Street
ateranyc.com
Nicht günstig, aber ein echtes Geschmackserlebnis: 2-Sterne-Restaurant mit nur 18 Plätzen und offener Küche, in dem der ehemalige El-Bulli-Koch Ronny Emborg außergewöhnlich kombinierte Gerichte auf höchstem Niveau auftischt. Das Tasting Menu kostet 275 $.

Odeon
145 W Broadway
theodeonrestaurant.com
Das Odeon gibt es seit Anfang der 80er-Jahre, bevor Tribeca überhaupt hip wurde.

Andy Warhol und Jean-Michel Basquiat waren damals Stammgäste. Man speist in Art-déco-Ambiente solide Bistro-Küche, besonders beliebt ist der Brunch mit extragroßen Bloody Marys, Tuna Burger und Avocado-Toast.

DRINKS UND AUSGEHEN

The Dead Rabbit Grocery & Grog
30 Water Street
deadrabbitnyc.com
Pub und Cocktailbar auf zwei Stockwerken, benannt nach einer Gang, die in der Stadt um 1850 herum ihr Unwesen trieb. Die Barkeeper und die Drinks sind preisgekrönt. Unten wird Bier gezapft, im ersten Stock gerührt und geschüttelt. Außerdem gibt es hier die größte Auswahl an irischem Whiskey außerhalb Irlands.

Tiny's and the Bar Upstairs
135 W. Broadway
tinysnyc.com
In einem zweistöckigen Stadthaus aus dem Jahr 1810 versteckt sich ein echtes Juwel. Ein heimeliges Restaurant mit antiken Holzmöbeln, Ziegelsteinwänden und einem echten Kamin, in dem amerikanische Küche mit südlichen Einflüssen serviert wird – auch die Frühstückskarte ist verführerisch. Ein Stockwerk höher befindet sich die Bar, die für ihre starken Drinks bekannt ist.

Grand Banks
Pier 25, Hudson River Park
grandbanks.nyc
Ein kleines bisschen Hamptons-Feeling in der großen Stadt: Auf einem historischen Fischerboot von 1942 im Hafen von Pier 25 werden frische Austern, leckere Cocktails und diverse Fischgerichte (aus nachhaltigem Fischfang) serviert. Tipp: Am späten Nachmittag kommen, Plätze sichern zum Sonnenuntergang. In der Regel von Juni bis Oktober geöffnet.

INSIDER-TIPP DER CREW

ABGEFAHREN IST ES, UM MITTERNACHT ODER 1:00 UHR MORGENS ZUM NACHTGERICHT ZU GEHEN. DIE ADRESSE: NIGHT COURT, 100 CENTRE ST.

Heinz Rothmund
Pilot

EINKAUFEN

Patron of the New
151 Franklin Street
Patronofthenew.us
In minimalistischem Ambiente verkaufen Jonathan und Lisa Pak auf 300 Quadratmetern überangesagte Mode von Off-White, Rick Owens, Balmain, John Elliott und Moschino. Vorsicht: Die Preise der guten Stücke sprengen leicht jedes Konto. Model Hailey Baldwin und Rapper Travis Scott sind treue Kunden.

Korin
57 Warren Street
korin.com
Hier kaufen auch die Betreiber vom Nobu ihre Küchenutensilien. Die Spezialität des Shops sind Messer, im Angebot ist alles, von 100-$-Kochmessern für den Haushalt bis hin zu 5000 $ teuren Profi-Sashimi-Messern. Korin führt auch Messerschärfungen und kundenspezifische Gravuren durch.

The Mysterious Bookshop
58 Warren Street
mysteriousbookshop.com
Lesestoff zu Hause vergessen? Dann schnell zu Amerikas ältestem Krimi-Buchladen, den Otto Penzler 1979 eröffnete. Die Regale sind bis unter die Decke voll bestückt mit Thrillern, Mystery und Gänsehaut-Romanen, darunter viele Erstausgaben und handsignierte Exemplare.

10 Corso Como New York
1 Fulton Street
10corsocomo.nyc
Der amerikanische Ableger des legendären Mailänder Konzeptstores von Carla Sozzani. Ein ehemaliges Gebäude des Fulton Fish Market dient als Kulisse für den spektakulären, über 2500 Quadratmeter großen Laden im Seaport District. Auf den Stangen hängen exklusive Teile von Stella McCartney, Maison Margiela und History by Dylan.

Corso Como

KUNST UND KULTUR

Gallery Patrick Parrish
50 Lispenard Street
patrickparrish.com
Einer der Lieblingsorte der coolen New Yorker Arty People. Parrish, einer unserer prominenten Tourguides (S. 110), wird in der Branche für seine eklektische Auswahl an Kunst- und Möbelstücken des 20. und 21. Jahrhunderts gefeiert. Er hat sich auf ungewöhnliche, neue, manchmal auch übersehene Künstler und Designer spezialisiert und zeigt deren Werke unter anderem in acht bis zehn Einzelausstellungen pro Jahr.

Postmasters
54 Franklin Street
postmastersart.com
Die Galerie im Besitz der polnischen Kunsthändlerin Magda Sawon hat sich über die Jahre einen exzellenten Ruf erworben. In der Szene wird sie für ihre ausgefallenen, abgefahrenen zeitgenössischen Ausstellungen gefeiert. Tipp: Auch ein paar Häuser weiter in der Galerie The National Exemplar (59 Franklin Street) vorbeigucken, die im Besitz des argentinischen Künstlers Eneas Capalbo ist.

RELAX

Aire Ancient Baths
88 Franklin Street
beaire.com
Abtauchen, entspannen und die Badekultur der Antike

Opulent: Wohnzimmer der Thompson Suite im Hotel The Beekman

genießen – und zwar in einer ehemaligen Stofffabrik in Tribeca. Man floatet in unterschiedlich temperierten Thermalbädern, am besten sollte man sich wie die alten Römer vom kalten zum heißen Becken – vom Frigidarium zum Caldarium – vorarbeiten. Zwischen roten Backsteinwänden und Kerzenlicht vergisst man den Trubel der Stadt in Sekunden (90 Minuten ab ca. 100 $).

Shibui Spa
im Greenwich Hotel
337 Greenwich Street
thegreenwichhotel.com/spa
Superedler Spa im Stil eines japanischen Farmhauses: Der Pool ist mit Laternen beleuchtet und wurde mit 250 Jahre altem Holz und Bambus aus Japan überdacht. Den ganzen Tag werden frisch gepresste Fruchtsäfte und leichte Spa-Mahlzeiten gereicht. Die »Drunken-Lotus«-Massage macht süchtig ... Wer danach zu gechillt ist, um sich weit weg zu bewegen – im Greenwich Hotel kann man natürlich auch wunderbar übernachten. Und auch das hauseigene Restaurant Locanda Verde ist seit Jahren ein Hotspot (DZ ab ca. 750 $).

FaceLove
20 West 27th Street
lovefacelove.com
Himmlisch: Die Massagen, die hier angeboten werden, zielen in erster Linie auf Ihre Gesichtsmuskeln ab: von der Kopfhaut über Stirn, die Wangenknochen bis zum Kiefer. Akupressur und sanfte Bewegungen regen die Durchblutung an und lösen Verspannungen. Man fühlt sich danach um Jahre jünger. Und sieht (angeblich) auch so aus.

INSIDER-TIPP DER CREW

EIN TOLLER, KOSTENLOSER AUSFLUGSTIPP: ICH FAHRE GERNE MIT DER STATEN ISLAND FERRY VON DER SÜDSPITZE MANHATTANS AUS AN DER STATUE OF LIBERTY VORBEI. DIE ÜBERFAHRT NACH STATEN ISLAND IST GRATIS UND DAUERT CA. 25 MINUTEN. MAN KANN DABEI FANTASTISCHE FOTOS SCHIESSEN. UNBEDINGT WARME KLEIDUNG/KOPFBEDECKUNG MITNEHMEN, ES KANN WINDIG UND FRISCH WERDEN.

Anna Söllner
Stewardess

SCHLAFEN

The Beekman – A Thompson Hotel
123 Nassau Street
thebeekman.com
Ein Stück altes New York, nur etwa fünf Minuten zu Fuß vom One World Trade Center entfernt. Man residiert in einem der ältesten Wolkenkratzer der Stadt, erbaut 1881. Echt atemberaubend ist das neun Stockwerke hohe Atrium mit seiner Glaskuppel und den kunstvoll verzierten viktorianischen Geländern. Interior-Designer Martin Brudnizki hat dem Haus mit Antiquitäten aus allen Epochen in seinem außergewöhnlichen Stil-Mix eine ganz besondere Note verliehen. Im In-House-Restaurant Augustine (betrieben von Restaurant-Guru Keith McNally) gibt es französische Küche – und immer was zu sehen. Highlight: das Alley Cat Amateur Theatre, eine schummrige Lounge, Spezialität: Cocktails mit japanischem Touch. DZ ab ca. 310 $.

Roxy Hotel
26th Avenue
roxyhotelnyc.com
In diesem hippen Boutique-Hotel fühlt man sich ein bisschen wie auf einem Golden-Age-Filmset. Retro-Deko in den Zimmern, der hauseigene Jazzclub The Django zieht von dienstags bis samstags illustres Publikum an. Außerdem besitzt das Hotel eine vorzügliche Austernbar, einen bei Models äußerst beliebten Friseursalon (betrieben von Joey Silvestera) und ein Kino, das sich auf 35-mm-Klassiker spezialisiert hat. Wer Lust auf eine Fahrradtour über die Brooklyn Bridge hat: Räder kann man hier natürlich umsonst leihen. Zimmer ab 255 $.

Place to be: die Bar des Hotels The Beekman

AUSFLUG

Glamping auf Governors Island
collectiveretreats.com
27 Luxuszelte, nur ganze acht Minuten mit der kostenlosen Fähre von der Südspitze Manhattans entfernt. Grandios: Von allen Unterkünften aus guckt man auf die spektakuläre Skyline von Manhattan – und die Freiheitsstatue. Im Restaurantzelt Three Peaks Lodge wird mittags und abends gekocht. Wer will, der kann sich aber auch »BBQ in a Box« bestellen und grillen. Gut zu wissen: In den Journey Tents muss man sich das Bad mit anderen Edel-Campern teilen, die Summit Tents verfügen über ein eigenes Bad. Toll: Die Insel, ein ehemaliger Militärstützpunkt, ist autofrei und lässt sich am besten per Fahrrad erkunden (von Ende Mai bis Oktober, Summit Tent ab ca. 700 $/Nacht).

Schlafsack? Fehlanzeige! Die Luxuszelte von Collective Retreats sind mit super bequemen Betten ausgestattet

OLIVIA PALERMO

Für ihren einzigartigen Stil wird sie weltweit gefeiert: Olivia Palermo, Fashion-Ikone, Unternehmerin, Model, Designerin und mit Ehemann Johannes Huebl fester Bestandteil der High Society von New York. Wenn sie nicht gerade um die Welt jetten, um Fashion Weeks, Design-Messen, Business-Termine oder gesellschaftliche Events wahrzunehmen, lebt das Glamour-Paar in einem Appartement in Brooklyn. Olivias Hotspots sind allerdings über die ganze Stadt verteilt. Mit Schwerpunkten im Village und in SoHo.

IN WELCHEN GESCHÄFTEN KAUFEN SIE BESONDERS GERNE EIN?

— Die Boutique **Flair** in SoHo (88 Grand Street, *flairhome-collection.com*) hat alles, was man sich wünscht, wenn man auf der Suche nach tollen Möbeln und exquisitem Interior ist. **Material Good** (S. 36) über dem Tibi Flagship Store auf der Wooster Street ist eine Art Schatzkammer mit den wundervollsten Luxusdingen von Uhren über Schmuck bis zu ganz besonderer Kunst. Danach sollten Sie auch unbedingt unten bei **Tibi** vorbeischauen. Bei der britischen Traditionsmarke **Smythson** (667 Madison Avenue) kaufe ich gerne Lederaccessoires. Und bei **Pretty Ballerinas** (1034 Lexington Avenue, *prettyballerinas.com*) auf der Upper East Side wunderschön designte, sehr komfortable flache Schuhe.

WAS IST IHR LIEBSTER ORT FÜR EINE SHOPPINGPAUSE?

— Das **Sant Ambroeus** (265 Lafayette Street, *santambroeus.com*) in SoHo. Es liegt wirklich perfekt für Einkaufstouren.

WO ESSEN SIE GERNE ZU MITTAG?

— Im Restaurant **Cecconi's Dumbo** (S. 118), es ist relativ neu in Brooklyn. Man genießt einen einzigartigen Blick, während man luncht.

UND WAS KÖNNEN SIE ZUM DINNER EMPFEHLEN?

— Ich habe einen neuen Favoriten: **Loring Place** mitten im Village (21 W 8th Street, *loring-placenyc.com*), auf der Karte stehen vor allem leichte und frische Gerichte. Im **Perry Street** (176 Perry Street, *perryst-restaurant.com*) im West Village wird äußerst zuverlässig immer köstlich gekocht. Am **Indochine** (430 Lafayette Street, *indo-chinenyc.com*) kommt man bei einem New-York-Trip nicht vorbei – ein Klassiker! Und das **Untitled** (S. 73) im Whitney Museum im Meatpacking District verbindet Gourmetküche mit der Möglichkeit, einige der besten amerikanischen Kunstwerke zu besichtigen.

IHR TIPP FÜR EINEN LATE-NIGHT-DRINK?

— **Patent Pending** (S. 83) ist eine neue Speakeasy-Bar in NoMad. Hier werden in einem sehr schicken, intimen Ambiente Killer-Cocktails gemixt. Und im **1 Hotel Brooklyn Bridge** (S. 121) hat man einen tollen Blick über die Skyline von Manhattan, während man an seinem Drink nippt.

WELCHE GALERIEN UND MUSEEN SIND BESONDERS INSPIRIEREND?

— Jede der **Gagosian Galleries** (S. 71) ist eine sichere Nummer, wenn man angesagte Ausstellungen von etablierten Künstlern sehen will. Aber ich liebe es auch, durch die Straßen von Chelsea zu bummeln und dabei auf neue angesagte Galerien zu stoßen. Meine Lieblingsmuseen? Das **Cooper Hewitt** (S. 108) und das **Whitney** (S. 73).

WEITERE HIGHLIGHTS, DIE MAN NICHT VERPASSEN DARF?

— Der Blick auf die Skyline von Manhattan vom Brooklyn Bridge Park ist unschlagbar. Wer frische Lebensmittel oder Blumen kaufen will, hat auf dem **Union Square Market** (E 17th Street) die beste Auswahl.

UND WELCHES HOTEL EMPFEHLEN SIE FREUNDEN?

— Das **Crosby Street Hotel** (S. 37) ist eines meiner Lieblinge. Die Lage in SoHo ist supergünstig, und es ist mit so viel Fingerspitzengefühl eingerichtet.

WAS IST EIN ULTIMATIVER GEHEIMTIPP?

— Das japanische Restaurant **Shuko** (47 E 12th Street, *shuko-nyc.com*).

VERRATEN SIE UNS IHRE LIEBSTEN BEAUTY-ADRESSEN?

— Zur Maniküre gehe ich zu **Plaza M** (*plazamspa.com*) in Tribeca, für Facials zu **Joanna Vargas** (S. 96). Und der Spa des Hotels **Peninsula** (*peninsula.com*) gehört zu den besten in New York.

In Keith McNallys legendärem Bistro Balthazar hat man immer etwas zu gucken

Lampions und Drachen schmücken die Straßen im quirligen Chinatown

Architektonisch besonders reizvoll: die unter Denkmalschutz stehenden Cast-Iron-Gebäude

TOUR

2

SOHO, NOHO, LITTLE ITALY & CHINATOWN

Früher das Viertel der Künstler und Bohemians, heute lebt SoHo, die Abkürzung von »South of Houston (Hausten ausgesprochen!) Street«, vor allem von seinen hippen Restaurants, Shops, Galerien und kleinen Delis. Typisch für die Gegend sind die **Cast-Iron-Gebäude** mit ihren gusseisernen Fassaden und Feuertreppen aus dem 19. Jahrhundert, etwa 50 davon stehen unter Denkmalschutz. Fernost-Feeling in Manhattan? Kein Problem! In Chinatown mit seinen **bunten Drachen,** Lampions und Märkten sind sogar die Straßenschilder chinesisch. Rund um die **Mulberry Street** liegt Little Italy – Heimat der Urururenkel der italienischen Einwanderer, das heute nur noch aus etwa vier Blocks besteht und immer weiter schwindet.

SPAZIERGANG: VON DEN SCHICKEN FASHION-SHOPS AUF DER WOOSTER STREET ZU DEN DIM-SUM-LOKALEN IM UMTRIEBIGEN CHINATOWN

Startpunkt: die U-Bahn-Station Prince Street, Ecke Broadway. Wer den Broadway hinunterbummelt, kommt an zahlreichen Läden vorbei, die meisten allerdings Ableger großer Ketten. Also bei nächster Gelegenheit abbiegen in eine der hübschen Seitenstraßen, zum Beispiel auf die Spring Street. Hier kann man einige der beeindruckendsten Cast-Iron-Fassaden bewundern. Ein schönes Beispiel liegt auf der Spring/Ecke Mercer, Nummer 101, in dem Gebäude lebte einst der Künstler **Donald Judd.** Es lohnt sich, die ehemaligen Wohn- und Atelierräume des minimalistischen Malers und Bildhauers zu besichtigen (*juddfoundation.org*)! Wer auf der Suche nach besonderen Schmuckstücken zu fairen Preisen ist, sollte bei **Monica Vinader** (151 Spring Street) vorbeischauen. Zum Weitershoppen auf die Wooster Street, hier sind links und rechts coole Boutiquen angesiedelt: Diane von Furstenberg (Nr. 135), Simone Rocha (Nr. 71), Celine (Nr. 67), Byredo (Nr. 62) oder Tibi (Nr. 120). Auch ein Bummel über die kopfsteingepflasterte Greene Street lohnt sich. Auf der Spring Street in Richtung Osten zum Powerlunch im **Bistro Balthazar** (Nr. 80), eine seit Jahren angesagte Brasserie. Nur ein kleines Stück weiter östlich kreuzt die Mulberry Street, Herzstück der immer kleiner werdenden italienischen Enklave der Stadt mit ihren niedrigen Häusern und unzähligen Lokalen, die mit dem »echten Italien« nicht mehr viel gemeinsam haben. In Nummer 247 traf sich einst Mafia-Boss John Gotti mit den anderen Paten der Stadt. Vorsicht: Auf den Restaurantschildern in »Little Italy« wird gerne mit »authentic Italian Food« geworben – erwarten Sie bitte keine gastronomischen Superlative. Während das italienische Viertel schrumpft, breitet sich Chinatown immer weiter aus. Wer sich ins Gewimmel rund um die **Canal Street** stürzt, sollte sich unbedingt den Tempel Mahayana (133 Canal Street) ansehen. Er ist der älteste buddhistische Tempel der Ostküste, am Wochenende werden hier auch öffentliche Zeremonien abgehalten. Nehmen Sie dann den Weg über die Pell Street auf die Mott Street, das quirlige Zentrum von Chinatown. Hungrig? Die köstlichsten Dim Sum kommen im **Nom Wah Tea Parlor** (13 Doyers Street) und im Joy Luck Palace (nicht von der Einrichtung abschrecken lassen! 98 Mott Street) auf den Tisch.

Rechte Spalte: Fassade eines typischen Cast-Iron-Gebäudes (oben). Süßes Frühstück bei La Mercerie (Mitte). Schmucker Laden: Monica Vinader (unten)

Linke Spalte: Die Apotheke Cocktail Bar ist für ihre kunstvollen Rezepturen bekannt (oben). Fashion deluxe bei Simone Rocha (unten)

ESSEN UND TRINKEN

FRÜHSTÜCK

Cafe Integral
149 Elizabeth Street
cafeintegral.com
Beliebter und gemütlicher Treffpunkt für die Nachbarschaft, die den erstklassigen Kaffee aus Nicaragua schätzt. Der absolute Renner sind die Coconut Latte und die Golden Milk. Unbedingt die diversen Cookies probieren!

Nobel speisen und feiern im Le Coucou

Roman and Williams Guild
53 Howard Street
rwguild.com
Eine Art Gesamtkunstwerk: loftartige Räume mit Ziegelwänden und Holzböden. Auf 7000 Quadratmetern und zwei Stockwerken verteilen sich ein Restaurant, eine Bibliothek, ein Blumenladen, dazu Möbel und Design-Accessoires aus der ganzen Welt, die man natürlich auch kaufen kann. Ins La Mercerie kommt die New Yorker Kreativ-Society schon zum Frühstück. Auch zum Lunch und After-Work-Cocktail sind die Plätze nicht nur wegen der französisch-delikaten Küche von Marie-Aude Rose heiß begehrt.

LUNCH

Epistrophy
200 Mott Street
epistrophynyc.com
Romantisches Italo-Café und Bar, in dem sich gut gekleidete Mittdreißiger zum Lunch, Drink oder Dinner verabreden. Die Einrichtung ist gemütlich-rustikal mit Backsteinwänden und Lounge-Sofa. Bücherregale und Gemälde schmücken die Wände. Sonntagabends steht Live-Jazz auf dem Programm, Besitzer Luca musiziert mit. Tipp: den »Brasato al Cannonau« (Dinner) bestellen!

Smile to Go
22 Howard Street
smiletogonyc.com
Schnell etwas Leckeres auf die Hand? Dann sind Sie hier richtig. Im Take-out-Ableger des beliebten Cafés The Smile werden vorzügliche, mediterran inspirierte frische Sandwiches, Suppen und Salate verkauft.

DINNER

Bohemian
57 Great Jones Street
playearth.jp
Japanische Küche auf Edel-Niveau! Im ehemaligen Haus von Andy Warhol schlemmt man heute Sashimi, Washu-Beef-Miniburger, Miso Black Cod und Sake Panna Cotta von einmaliger Qualität. Achtung, schwer zu finden: Das Lokal liegt hinter einer japanischen Metzgerei!

Le Coucou
138 Lafayette Street
lecoucou.com
Höchste Ess-Klasse: Französisches Restaurant mit Küche auf Sterne-Niveau, sogar die Karte ist auf Französisch – mit englischen Untertiteln. Natürlich reißt sich tout New York um die Tische des In-Lokals, hinter dem der umtriebige New Yorker Gastronom Stephen Starr und Koch Daniel Rose stecken.

Nummer-sicher-Adresse: das Restaurant Epistrophy

The Bombay Bread Bar
195 Spring Street
thebombaybreadbar.com
Lässiges indisches Restaurant für ein unkompliziertes Dinner. Indische Pop-Art an den Wänden – hinter dem Design des Lokals steckt Wes Andersons Filmset-Dekorateurin Kris Moran. Die Dips und Chutneys sind köstlich, auch das Lammcurry und die Crab Cakes sind zu empfehlen.

Uncle Boons
7 Spring Street
uncleboons.com
Wer Thaifood liebt, wird hier ganz sicher einen glücklichen Abend erleben! Das Lokal, das vom Ehepaar Matt Danzer und Ann Redding geführt wird – die beiden trafen sich, als sie beide als Köche in Thomas Kellers Restaurant Per Se arbeiteten –, hat seit Jahren eine supertreue Fangemeinde.

DRINKS UND AUSGEHEN

Apotheke Cocktail Bar
9 Doyers Street
apothekenyc.com
Designer Christopher Tierney entwarf ein opulentes Interieur, das an antike europäische Apotheken und Pariser Absinthhöhlen des 19. Jahrhunderts erinnern soll. An der coolen Bar aus Carrara-Marmor mischen die Barkeeper ihre Cocktails, gerne mit ungewöhnlichen Zutaten aus der ganzen Welt. Natürlich haben die meisten heilende Wirkung – nach einem der auf der Karte empfohlenen »Painkiller«, wie dem Dead Poet mit Bourbon, Rye, Espresso, Agave und Nelken, geht es einem spontan prächtig, jedenfalls für mindestens eine Stunde.

Ear Inn
326 Spring Street
earinn.com
Gemütlicher Mix aus Bar und Pub, seit über 200 Jahren werden hier starke Drinks ausgeschenkt. Auf der Speisekarte stehen solide Gerichte wie Burger oder Mac & Cheese. Beliebter Nachbarschafts-Hang-out, Touristen verirren sich nur selten hierher.

EINKAUFEN

American Two Shot
135 Grand Street
americantwoshot.com
Superschick designte Mischung aus Galerie und Boutique, im Besitz von Steph Krasnoff und der Künstlerin Olivia Wolfe. Das Angebot ist sehr kreativ kuratiert: Neben vielversprechenden Labels aus New York wie DusenDusen oder Samatha Pleet findet man tolle Vintage-Modeteile, Kunst, Bücher, Schmuck und Accessoires.

Dashwood Books
33 Bond Street
dashwoodbooks.com
Eine Schatzkammer für Fans der Fotografie – New Yorks einzige unabhängige Buchhandlung, die sich auf Fotobände spezialisiert hat. David Strettels Laden in

INSIDER-TIPP DER CREW

DEN LECKERSTEN AVOCADO-TOAST DER STADT ESSE ICH IM TWO HANDS IN DER MOTT STREET. DORT GIBT ES KÖSTLICHES, GESUNDES FRÜHSTÜCK, BOWLS, SMOOTHIES UND SÄFTE. SO STARTE ICH GUT GESTÄRKT UND HAPPY IN DEN TAG.

Lena Keilholz
Stewardess

NoHo genießt in der Branche einen einzigartigen Ruf, der Besitzer war früher Cultural Director der legendären Agentur Magnum.

Material Good
120 Wooster Street
materialgoodny.com
Übereleganter Luxus-Konzeptstore: In sehr privater Atmosphäre kann man Kunst von Warhol und Basquiat, Uhren von Audemars Piguet oder Richard Mille, einzigartige Möbelstücke oder exklusiven Schmuck kaufen. Der ganze Laden ist eine Hommage an Stil und die Kunst.

Matter
405 Broome Street
mattermatters.com
Das SoHo-Spin-off des Designladens Brooklyn hat einen exzellenten Ruf wegen seiner internationalen Auswahl an zeitgenössischen Möbeln und Kunstobjekten, darunter die ineinandergreifenden Nekton-Stühle der Architektin Zaha Hadid, Lampen von Tom Dixon, Schneidebretter von Muller van Severen und Vasen von Carl Kleiner.

MoMA Design Store
81 Spring Street
store.moma.org
Auch für den am schwersten zu Beschenkenden in Ihrem Freundeskreis finden Sie in dieser Schatzkammer garantiert etwas Passendes. Einer der beliebtesten Designläden der Stadt, dank der von Kuratoren des MoMA ausgewählten Stücke – von ausgefallenen Haushaltsutensilien über witzige Tech-Gadgets, Bilder und avantgardistische Lampen bis hin zu Skateboards.

Stadium Goods
47 Howard Street
stadiumgoods.com
Edel-Sneaker-Oase auf 300 Quadratmetern. Die Inhaber haben sich auf Limited Editions und Sammlerstücke spezialisiert. Die Preise fangen bei etwa 300 Dollar pro Paar an, die teuersten liegen bei etwa 30 000 Dollar. Sehenswert!

KUNST UND KULTUR

The New York Earth Room
141 Wooster Street
diaart.org/visit/visit
Mitten im geschäftigen SoHo, im ersten Stock eines grauen Hauses, liegt ein Haufen Erde. Genauer gesagt: 127 300 Kilo Erde auf 335 Quadratmetern. Und das seit über 40 Jahren. In der ehemaligen Galerie von Heiner Friedrich installierte der minimalistische amerikanische Konzept-Künstler Walter De Maria seinen dritten Earth Room und eröffnete ihn 1977. Seit 1980 ist er der Öffentlichkeit zugängig. Und so skurril wie sehenswert.

Peter Blum
176 Grand Street
peterblumgallery.com

Seit Beginn seiner Karriere 1971 in der Galerie Beyeler in Basel, Schweiz, arbeitet Peter Blum mit einer Vielzahl von Künstlern als Galerist und Verleger zusammen. Die Peter Blum Gallery war in der Vergangenheit Schauplatz bedeutender Ausstellungen von Künstlern wie Robert Ryman, Alex Katz, Louise Bourgeois, David Rabinowitch und Piet Mondrian. Außerdem hat Blum die Peter Blum Edition ins Leben gerufen, in der er als einer der ersten Verleger mit einer neuen Generation europäischer und amerikanischer Künstler arbeitete und unter anderem richtungsweisende Kunstbücher von John Baldessari, Robert Ryman und Enzo Cucchi veröffentlichte.

SCHLAFEN

Crosby Street Hotel
79 Crosby Street
firmdalehotels.com
In einer ruhigen kopfsteingepflasterten Straße liegt eines der Lieblingshotels der Celebrities, das Luxus und Understatement genial vereint. Kit Kemp, Inhaberin der britischen Firmdale-Hotelgruppe, ließ ihr erstes Haus in den USA mit viel Liebe zum Detail in einer Mischung aus shabby und modern mit fantastischen Stoffen, Kunst und frischen Farben gestalten. Die Badezimmer der 86 Zimmer sind mit Produkten von Miller Harris bestückt. Auf dem Dach liegt ein Garten, in dem Kräuter, Obst und Gemüse für die hauseigene Küche angepflanzt werden. DZ ab ca. 830 $.

Luxushotel mit viel Liebe zum Detail: Crosby Street Hotel

The Broome
431 Broome Street
thebroomenyc.com
Boutique-Hotel mit nur 14 Zimmern, man fühlt sich hier ganz schnell wie zu Hause. Supernetter Service, das Haus verfügt zwar über kein eigenes Gym, wer will, darf aber kostenlos im Drive 495 ganz in der Nähe trainieren. Toll: Das Frühstück ist inklusive, im Sommer wird es im Café im Innenhof serviert. DZ ab ca. 360 $.

EXTRATIPP

Bang Bang
62 Grand Street
328 Broome Street
bangbangforever.com
Tattoo gefällig? Dann bitte zur ersten Adresse der Stadt. Keith McCurdy zählt Rihanna (er hat ihr das »Shhh« am Finger gestochen), Justin Bieber, Cara Delevingne (ihr Löwe ist sein Werk) und Miley Cyrus zu seinen Kunden. Wenn Sie sich vom Chef selbst tätowieren lassen wollen, müssen Sie vorab einen Termin vereinbaren, bei den Kollegen kann man auch spontan vorbeischauen.

Der Besitzer der Bombay Bread Bar, Floyd Cardoz, legt viel Wert auf außergewöhnliches Dekor

NEW-YORK-TIPPS DER AWAY-GRÜNDERINNEN

Erst arbeiteten sie gemeinsam bei der Kultbrillen-Marke Warby Parker, dann beschlossen sie, etwas Neues zu gründen – ein Label für Reisegepäck. Das war im Jahr 2016. Seitdem boomt das Geschäft von Away (*awaytravel.com*), der New Yorker Firma von Jen Rubio und Steph Korey. Sie kreieren sogenannte »Travel Uniforms«, Hartschalenkoffer, die minimalistisch designt, sehr funktional und leicht sind, dazu »Carry-Ons«. Und alles zu vernünftigen Preisen. Doch Jen Rubio und Steph Korey wissen nicht nur alles übers Verreisen. Sondern auch, wo man in ihrer geliebten Heimatstadt New York isst, trinkt und shoppt.

WELCHES VIERTEL MÖGEN SIE BESONDERS? ___

___ STEPH KOREY & JEN RUBIO: Wir lieben SoHo und NoHo, wo wir leben und wo auch die Büros von Away sind. Die Lage ist einfach perfekt, hier gibt es so viele schöne, historische Gebäude und Straßen. SoHo ist ein wirklich geschäftiges und pulsierendes Viertel mit Kunstgalerien, tollen Restaurants, den besten Einkaufsmöglichkeiten der Stadt und vielem mehr.

WELCHES SIND DIE BESTEN CAFÉS ZUM FRÜHSTÜCKEN? ___

___ JEN RUBIO: Ich liebe das **Lafayette** (380 Lafayette Street, *lafayetteny.com*) und das **La Mercerie** (S. 34) für ein Meeting am Morgen oder einen lässigen Wochenendbrunch mit Freunden. Beide haben eine köstliche, französisch inspirierte Küche und wunderschöne Innenräume, die von meinem Lieblingsdesignerpaar **Roman and Williams** entworfen wurden – mit Mahagoniböden und großen, gewölbten Fenstern, die viel natürliches Licht hereinlassen.

UND WOHIN GEHEN SIE GERNE ZUM LUNCH? ___

___ JEN RUBIO: Ins **Il Buco** (47 Bond Street, *ilbuco.com*). Als es aufmachte, war es eigentlich ein Antiquitätenladen, sodass die Einrichtung immer noch sehr rustikal wirkt, mit frischen Wildblumen und großen Holztischen. Es erinnert mich ein bisschen an ein uriges Bauernhaus. Die Küche ist mediterranitalienisch, und die Gerichte lassen sich perfekt teilen. Das Team des Il Buco bezieht seine Zutaten aus Italien, sodass sich die Speisekarte oft je nach Verfügbarkeit ändert. Am liebsten bestelle ich scharf angebratenen Oktopus, Kürbisblüten und hausgemachte Tagliatelle.

UND IHRE LIEBLINGSLOKALE FÜRS DINNER? ___

___ STEPH KOREY: **Bond Street Sushi** (6 Bond Street, *bondstrestaurant.com*). Jen und ich gehen dort echt gern hin, wenn wir uns zum Dinner ganz unkompliziert mit jemandem treffen wollen. Und es ist mein Favorit für Geburtstagsessen oder besondere Feiern. Ich liebe das Seebarsch-Carpaccio, die Red Snapper Tacos und die knusprigen Garnelen.

WELCHE BAR LOHNT SICH DANACH? ___

___ JEN RUBIO: **The Flower Shop** (S. 60) ist so eine coole Location im 70er-Jahre-Stil mit hellen Möbeln und funky Tapeten. Und sie mixen dort einen genialen »Old Fashioned«!

IN WELCHE LÄDEN GEHEN SIE SONST NOCH GERNE AUS? ___

___ JEN RUBIO: **Mother's Ruin** (18 Spring Street, *mothersruinnyc.com*) ist ideal für einen Abend mit Freunden. Es wird laut dort, ideal für Late-Night-Drinks. Und sie mischen tolle Gin-Cocktails. Für einen intimeren Ort empfehle ich **La Compagnie de Vins** (249 Centre Street, *compagnienyc.com*), die beste Weinbar der Stadt. Schick und trotzdem gemütlich, also ideal für Dates, oder um sich mit engen Freunden zu treffen. Sie haben über 500 Flaschen Wein, einschließlich ungewöhnlicher Vintage-Flaschen; ich bestelle oft mal die Weinverkostung, damit ich verschiedene Sorten probieren kann, die vom Sommelier empfohlen werden.

WAS SIND DIE BESTEN ORTE, UM IN DIE KUNSTWELT EINZUTAUCHEN? ___

___ JEN RUBIO: Die **Judd Foundation** (S. 32) bietet Führungen durch die Räume an, in denen der Künstler Donald Judd lebte und arbeitete. Sie fungiert als eine Art permanente Installation, die sein Erbe und seine Beiträge zur Architektur und zeitgenössischen Kunst würdigt. Die Galerie **Perrotin** (130 Orchard Street, *perrotin.com*) ist eine Galerie für zeitgenössische Kunst von Emmanuel Perrotin in der Lower East Side von Manhattan. Sie ist riesig, mit Ausstellungen auf drei Etagen und hat zum Beispiel Werke des kolumbianischen Künstlers Iván Argote, des Japaners Takashi

**Hotspot in eklektischem Design:
Bar des Crosby Street Hotel**

Murakami und Skulpturen des indischen Künstlers Bharti Kher präsentiert.

WELCHEN BESONDEREN ORT IN SOHO SOLLTE MAN NICHT VERPASSEN?

STEPH KOREY: SoHo ist bekannt für einige der besten Shops, Galerien und Restaurants in New York. Meine Lieblingsplätze sind allerdings in der Crosby Street, weil es eine ruhige kleine Straße mitten in der lebendigen Nachbarschaft ist, und der Washington Square Park – der ist zwar technisch gesehen ein paar Blocks von SoHo entfernt, aber es lohnt sich trotzdem, dort spazieren zu gehen.

WELCHES IST DAS CHARMANTESTE HOTEL?

STEPH KOREY: Das **Crosby Street Hotel** (S. 37) besitzt eine sehr gemütliche und ruhige Atmosphäre. Es ist ein großartiger Ort für einen Urlaub zu Hause mit meinem Mann, und ich empfehle es auch immer, wenn Freunde in der Stadt sind. Es hat eine schöne Terrasse, die perfekt zum Frühstück im Freien ist, einen großen Dachgarten und ein paar tolle Bars.

WELCHE SHOPS KÖNNEN SIE EMPFEHLEN?

JEN RUBIO: Natürlich den **Away-Shop** (Bond Street Nr. 10). Ganz egal, ob Sie auf der Suche nach neuem Gepäck sind oder sich einfach nur inspirieren lassen möchten, wo Sie als Nächstes hinreisen könnten ... Setzen Sie sich in unser Café und stöbern Sie nach Herzenslust in unzähligen Reiseführern über unsere Lieblingsstädte auf der ganzen Welt.
Ich mag auch **The RealReal** (80 Wooster Street, *therealreal.com*) für die beste Luxusmode aus zweiter Hand (z. B. Vintage Chanel) wahnsinnig gerne und **Clic** (255 Center Street, *clic.com*), einen Concept-Shop, der eine hervorragende Auswahl an einzigartigen Wohn- und Einrichtungsgegenständen verkauft. Wenn ich abends eingeladen bin, komme ich oft vorher hierher, um ein hübsches Geschenk für den Gastgeber zu besorgen.

HABEN SIE EINEN GEHEIMTIPP? EIN RESTAURANT ODER EINEN SHOP, DEN MAN NUR SCHWER FINDET?

JEN RUBIO: Es gibt ein japanisches Restaurant in der Great Jones Street in NoHo namens **Bohemian** (S. 34), das ich liebe. Das Gebäude war einst das Haus von Andy Warhol, aber Vorsicht: Es ist hinter einer Metzgerei versteckt und sehr schwer zu finden. Sie brauchen eine Empfehlung, um einen Tisch zu bekommen, aber wenn Sie einen bekommen, ist es das wirklich wert.

GIBT ES EIN KINO, IN DAS SIE OFT GEHEN?

JEN RUBIO: Das **Angelika Film Center** (18 W. Houston Street, *angelikafilmcenter.com*) auf der Houston ist ein großartiger Ort, um neue Independent-Filme zu sehen. Die Kinomitarbeiter dort sind echte Filmfanatiker. Und: Es gibt ein kleines Café, in dem man wirklich alle klassischen Movie-Snacks kaufen kann.

WELCHEN SPA KÖNNEN SIE EMPFEHLEN?

STEPH KOREY: Ich gönne mir Massagen im **Great Jones Spa** (29 Great Jones Street, *gjspa.com*), entweder allein oder mit ein paar Freundinnen.

UND WO ENTSPANNEN SIE AUSSERDEM GERNE?

JEN RUBIO: Da ich in Downtown arbeite und lebe, fahre ich nach Uptown, wann immer ich dem Alltag entfliehen will. Es klingt klischeehaft, aber ich liebe einen Sonntagnachmittag im **Central Park** mit ein paar Freunden im Herbst, wenn es kühler wird. Wir bringen Decken, frisches Brot und viele verschiedene Käsesorten sowie ein paar Flaschen Wein mit und verbringen einfach den Tag dort. Ich könnte auch stundenlang durch die verschiedenen Museen und Galerien bummeln, mein Favorit ist das **Met Breuer** (S. 108).

Lieblingslokal der Society: Im Waverly Inn sitzt gerne mal ein Weltstar am Nebentisch

1—White Horse Tavern
2—Stonewall Inn
3—Jefferson Market
4—St. Luke in the Fields

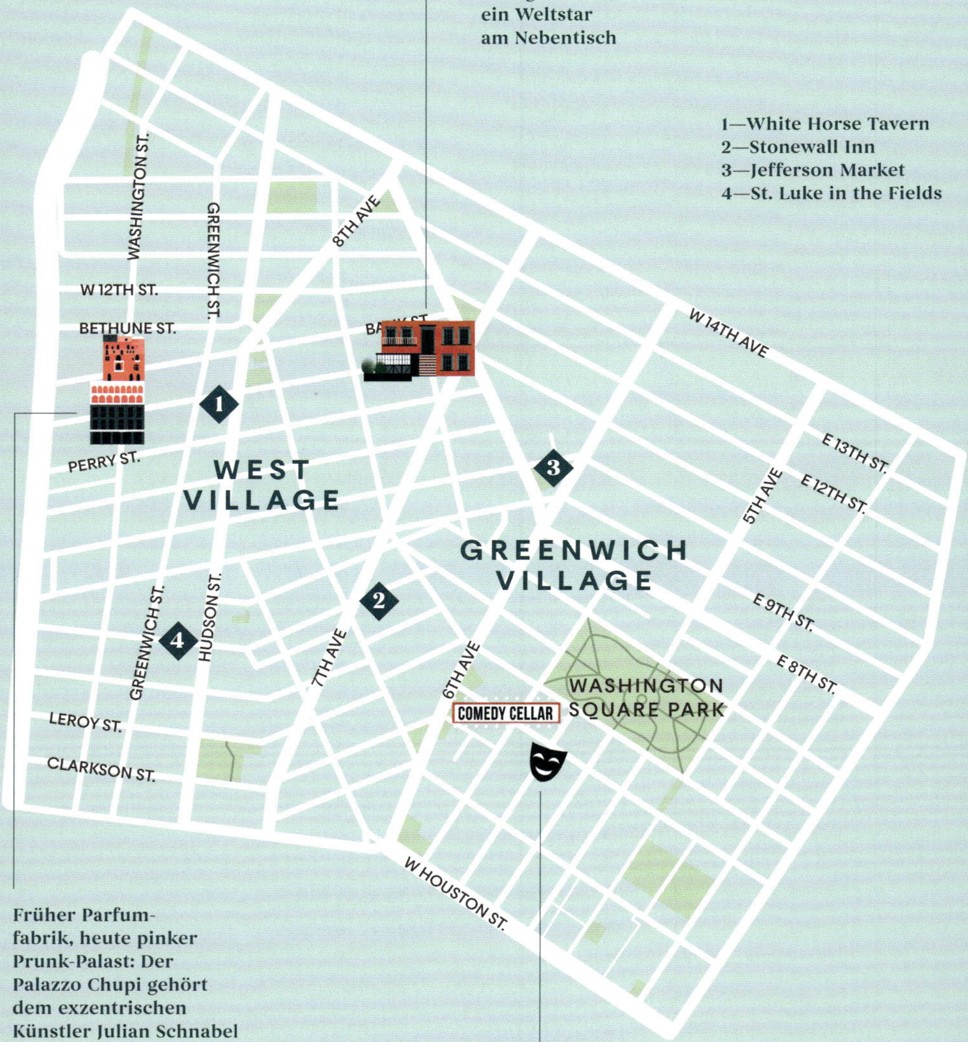

Früher Parfumfabrik, heute pinker Prunk-Palast: Der Palazzo Chupi gehört dem exzentrischen Künstler Julian Schnabel

Im legendären Comedy Cellar starteten viele berühmte Comedians ihre Karriere

TOUR

3

WEST VILLAGE & GREENWICH VILLAGE

Schmale Gassen mit Kopfsteinpflaster, Sandsteinhäuser aus dem **19. Jahrhundert,** charmante Boutiquen und Cafés – dafür steht das kleine Viertel unterhalb der 14th Street, durch dessen alte Gassen immer noch der Wind vergangener Zeiten weht. **Jack Kerouac** hat hier geschrieben. **Jackson Pollock** hat hier gemalt. Greenwich Village – von den Einheimischen auch einfach nur »das Village« genannt – und West Village waren die Heimat der Beat-Generation, der Bohemiens und Künstler. Heute findet man dort viele Designer-Boutiquen, coole Restaurants und auch noch ein paar Bohemiens – weil die Mieten immer teurer wurden, mussten viele der Künstler ihr Village verlassen. Seine Wurzeln hat das Viertel allerdings nie vergessen.

EIN SEHR PERSÖNLICHER GUIDE ZU GANZ BESONDEREN PLÄTZEN IM VILLAGE

SOPHIE GRÜTZNER

Die Hamburgerin Sophie Grützner beschloss im Alter von 14 Jahren, Journalistin zu werden und in New York zu leben. Mit 18 zog sie tatsächlich dorthin – erst einmal nur für die nächsten drei Jahre. Es folgten Ausbildung und Job bei der Zeitschrift **InStyle** *in München. Doch die Sehnsucht nach New York blieb. Seit 2013 wohnt die Journalistin jetzt wieder in ihrer Herzensstadt – und dort in ihrem geliebten West Village.*

Den besten Eindruck des Viertels bekommt man natürlich zu Fuß. Das Gebiet von der Greenwich zur Bleecker Street und von der Barrow über die Christopher zur Bank Street eignet sich hervorragend, um das Flair des Village zu erleben. Ich finde, man sollte einmal die **White House Tavern** (567 Hudson/W 11th Street), eine der ältesten Bars der Stadt, gesehen haben – die gibt es schon seit 1880. Hier traf sich früher die literarische Szene von New York. Dylan Thomas hat sich hier angeblich mit 18 Whiskeys zu Tode getrunken, Norman Mailer, Allen Ginsberg und Jack Kerouac waren Stammgäste. Und das **Stonewall Inn** (53 Christopher Street) – die Geburtsstätte der Schwulenbewegung. Hier veranstaltete die Polizei am 8. Juni 1969 eine Razzia, danach kam es dort zu einem Aufstand. Schwule und Lesben wehrten sich gegen die Schikanen und forderten endlich Gleichberechtigung. Heute erinnert der Christopher Street Day an die Vorfälle – und das Stonewall Inn wurde von Präsident **Barack Obama** zum Nationaldenkmal erklärt. Wirklich sehenswert ist auch der **Palazzo Chupi** (360 W 11th Street), das Wohnhaus des Künstlers Julian Schnabel: eine Art italienischer Palazzo mitten in Manhattan, 52 Meter hoch, mit pinkfarbener Fassade. In einem der Apartments wohnt der berühmte Künstler selbst, die anderen sind vermietet. Kurze Pause? Am besten im **Jefferson Market Garden.** Dieser schöne, gepflegte Garten mit gemütlichen Bänken, alten Bäumen und verwunschenen Pfaden liegt zwischen 6th Avenue und West 10th Street – »Sex and the City«-Fans dürfte er bekannt sein, weil Miranda dort ihren Steve geheiratet hat. Achtung: montags geschlossen. Und einen der zauberhaftesten Gärten der Stadt besitzt für mich die **Kirche St. Luke in the Fields.** Sie liegt an der Hudson Street, zwischen Barrow und Christopher. Im Village wimmelt es ja nur so von Restaurants, Cafés und niedlichen Boutiquen. Ich verrate Ihnen jetzt hier meine Lieblinge:

Linke Spalte: Der hübsche Buchladen Three Lives (oben). Gut essen im Morandi (Mitte). Schrieb Geschichte: das Stonewall Inn

Rechte Spalte: Der Palazzo Chupi (oben). Barkeeper im Employees Only (unten)

Seit Jahren eine Institution: die Bar Employees Only

ESSEN UND TRINKEN

FRÜHSTÜCK

Jack's Stir Brew
138 West 10th Street
jacksstirbrew.com
Bei den Locals äußerst beliebter Coffeeshop mit vielen Stammgästen. Am Wochenende muss man für einen der vier kleinen Holztische anstehen – oder auch für den Coffee to go, der für mich zu den besten der Stadt gehört. Die Auswahl an Essen beschränkt sich auf Bagels, Croissants, Muffins und Donuts. Tipp: Unbedingt den Mighty Muffin probieren.

LUNCH

John's Pizza of Bleecker
278 Bleecker Street
johnsbrickovenpizza.com
Eine echte Institution, der Laden wurde 1929 vom italienischen Immigranten John Sasse gegründet. Die Einrichtung ist rustikal, in die alten Holzwände sind Namen und Herzen eingeritzt und berühmte Gäste wie Johnny Depp oder Bruce Springsteen hängen dort herum. Die Margarita mit Anchovis ordern!

Mary's Fish Camp
64 Charles Street
marysfishcamp.com
Benannt nach der Besitzerin (und ehemaligen Pearl-Oyster-Bar-Partnerin) Mary Redding, man fühlt sich wie in einem Fischlokal auf den Florida Keys, der Heimat von Mary. Spezialität: Lobster-Roll –

fangfrischer Hummer in einer Mayo-Sauce nach Geheimrezept auf einem butterzarten Brötchen. Zum Nachtisch auf jeden Fall einen der üppigen Eisbecher bestellen.

DINNER

Joseph Leonard
107 Waverly Place
josephleonard.com
Besitzer Gabriel Stulman, der auch die beliebten Restaurants Jeffrey's Grocery, Fedora, Bar Sardine und Fairfax im West Village betreibt, hat das Lokal nach seinen Großvätern Joseph und Leonard benannt. Achtung: Der Laden hat nur wenige Tische und nimmt keine Reservierungen an – am besten schon gegen 18.30 Uhr kommen! Nicht immer auf der Karte, aber falls: Den scharf angerösteten, geschredderten Rosenkohl probieren.

Malaparte
753 Washington Street
malapartenyc.com
Das Schwesterrestaurant zum Malatesta liegt an einer ruhigen Ecke des West Village. Die Speisekarte ist klein, mit dem Thunfisch-Tatar vorneweg und der Tagespizza liegt man immer richtig. Touristen? Fehlanzeige. Hier sind wirklich nur Nachbarschaft und vereinzelt Modeleute oder Schauspieler.

DRINKS UND AUSGEHEN

Employees Only
510 Hudson Street
employeesonlynyc.com
Von außen erkennt man den Laden kaum: Im Fenster blinkt ein rotes Psychic-Schild, hinter dem eine Wahrsagerin sitzt. Das Logo – ein auf dem Rücken liegendes E mit einem kleinen Punkt als O – steht nur klein auf der schwarzen Markise. Drinnen erwartet einen dann eine der besten Cocktailbars der Stadt, eingerichtet im Art-déco-Stil. Die preisgekrönten Barkeeper servieren kunstvolle Cocktails wie den Provençal, den ich am liebsten im Sommer trinke, oder den Quiet Storm, der herrlich zu kalten Winternächten passt.

Marie's Crisis
59 Grove Street
mariescrisis.us
Die Sing-along-Bar im Souterrain eines Gebäudes von 1839 ist berühmt-berüchtigt: Hier trifft der junge japanische Tourist auf den alteingesessenen Village-Bewohner – und alle schmettern gemeinsam mit dem singenden Pianisten Broadway- und Musicalgassenhauer. Eine Riesenstimmung und dazu wirklich bezahlbare Drinks.

Rooftop-Terrasse des The Jane Hotel
113 Jane Street
thejanenyc.com
Das Jane war ursprünglich eine Herberge für Matrosen und Seefahrer. Außerdem wohnten hier die Überlebenden der Titanic, bis ihre rechtliche Lage geklärt war. Heute ist es ein originelles, perfekt gelegenes Hotel mit Zimmern zu fairen Preisen. Von der Dachterrasse hat man einen tollen Blick auf die Stadt und den Hudson River.

Treffpunkt der Locals: Joseph Leonard

The Garret
2nd Floor, 296 Bleecker Street
garretnyc.com
Eines von New Yorks sogenannten Speak-easys: Man muss durch den Burgerladen Five Guys am Bestelltresen vorbei und eine schmale Holztreppe hinaufgehen. Über die gelangt man dann in eine im Vintage-Style eingerichtete Bar mit cooler Kunst und Couch am Kamin. Tipp: Die Barkeeper servieren einen köstlichen Old Fashioned.

EINKAUFEN

Three Lives & Co
154 West 10th Street
threelives.com
Einer der schönsten Buchläden, die ich kenne, benannt nach dem Roman von Getrude Stein. Wenn man durch die leicht verwitterten, kirschroten Flügeltüren tritt, fühlt man sich wie in einer längst vergangenen Ära: Alte Holzregale säumen den kleinen Laden, altmodische Leselampen aus grünem Glas sorgen für gemütliche Atmosphäre. Mein Hund Tompkin bekommt hier immer Carols selbst gebackene Hundekekse. Wenn man Glück hat, trifft man sogar Pulitzer-Preisträger Michael Cunningham dort.

Anine Bing
330 Bleecker Street
aninebing.com
Das dänische Model und Namensgeberin der Marke eröffnete im Februar 2014 ihre erste Boutique in New York City. Ihre Mode? Ein gelungener Mix aus Skandi-Chic und hippem L.A.-Flair. Auch wenn sie mittlerweile mehrere Shops hat, zum Beispiel auf der Greene Street, finde ich diesen mit nur knapp 60 Quadratmetern am schönsten und persönlichsten.

Housing Works
245 W 10th Street
housingworks.org
Das Village ist seit jeher bekannt für seine Vintage-Shops – einer meiner Favoriten ist Housing Works, wo auch viele der Designer ihre Kleider hingeben. Und das für einen guten Zweck: Housing Works unterstützt New Yorker, die mit Aids oder HIV leben. Neben Kleidung gibt es in dieser Location (insgesamt gibt es in New York 15) auch hübsche Interiorstücke. Zwei weitere Vintage-Shops, die auch echte Goldgruben sind, befinden sich gegenüber: Vintage Thrift West und Madame Matovu.

Jonathan Adler
37 Greenwich Avenue
jonathanadler.com
Wer ein richtig gutes Geschenk sucht, wird hier ganz bestimmt fündig! Der beliebte Interior-Designer, der seine Karriere als Töpfer in Rhode Island begann, kreiert neben Keramik auch Möbel, witzige Lampen, tolle Kissen, Kerzenständer und Kaschmir-Decken. Ich liebe vor allem seine gestreiften Porzellanbehälter, auf denen lustige Begriffe wie White Lies, LSD oder Prozac stehen. Geheimtipp: Wer Ende April, Anfang Mai in New York ist, muss unbedingt zum jährlichen Warehouse-Sale in die Bronx fahren! Hier stehen auch elegante Manhattanites Schlange, um Adlers coole und gleichzeitig schicke Designs für bis zu 90 Prozent weniger zu ergattern.

Himmel für Interior-Fans: Jonathan Adler

KUNST UND KULTUR

Cherry Lane Theatre
38 Commerce Street
cherrylanetheatre.org
Eine Institution im Village und New Yorks ältestes Off-Broadway-Theater. Das ehemalige Tabaklager in einer kleinen verwunschenen Gasse wurde 1924 von der Lyrikerin Edna St. Vincent Millay und ihren Freunden in ein Theater umgewandelt, in den 60er-Jahren wurden hier vor allem experimentelle Stücke gezeigt. Heute ist es eine erstklassige Adresse, um sich Produktionen aufstrebender New Yorker Theatergruppen anzusehen.

Comedy Cellar
117 Macdougal Street
comedycellar.com
Eine der berühmtesten Adressen in New York ist der Comedy Cellar im Olive Tree Cafe and Bar. Hier kann es ganz schön voll werden – vor allem am Wochenende, denn einige von den ganz großen Künstlern (Louis CK und Aziz Ansari) kommen spontan hierher und rocken die Bühne. Deswegen sieht man auch gerne immer wieder Prominente wie Jon Stewart und Amy Schumer im Publikum.

Mix aus Apotheke und Drogerie: C.O. Bigelow Chemists

Jazz
Die Musikszene im Village ist äußerst lebendig. Livemusik kann man zum Beispiel wunderbar im über die Grenzen der Stadt hinaus bekannten Village Vanguard (187 7th Avenue) hören – nach mehr als 80 Jahren ist die Bühne dieses Kellervereins immer noch beliebt bei Mainstream-Jazz-Größen. Hier wurde Geschichte geschrieben – John Coltrane, Miles Davis und Bill Evans haben hier gegroovt –, und das 16-köpfige Vanguard Jazz Orchestra ist seit 1966 die Montagnacht-Stammband. Für manche einer der besten Jazzclubs der Welt. Auch toll: Smalls (183 West 10th Street) – ein winziger Kellerraum mit Backsteinwänden und ein paar Dutzend Holzstühlen, in dem man die Musik hautnah erlebt. Hat bis 4 Uhr morgens geöffnet!

RELAX

C.O. Bigelow Chemists
414 6th Avenue
bigelowchemists.com
Mehr als 100 Jahre alter Mix aus Apotheke, Drogerie und Beautyshop. Angeboten werden vor allem natürliche Kosmetikprodukte. Unbedingt die Handcreme der Eigenmarke C.O. Bigelow ausprobieren.

Okuyama Body Work
181 West 4th Street
okuyamabodywork.com
Verspannungen vom Kofferschleppen? Oder von langen Spaziergängen? Schnell zu Okuyama, einem chinesischen Massagestudio mit supergünstigen Angeboten.

SCHLAFEN

Marlton Hotel
marltonhotel.com
Ein Ort mit Geschichte: Jack Kerouac schrieb hier die Erzählung *Subterraneans*, Valerie Solanas bereitete in Zimmer 214 ihr Attentat auf Andy Warhol vor. Das um 1900 erbaute Hotel wurde umfangreich renoviert. Vor allem die Modeszene bucht sich hier gerne ein. DZ ab ca. 260 $.

Typische Fassade im West Village

MEET THE STARS

Die besten Orte in der angesagten Gegend, um Sarah Jessica Parker & Co. zu treffen. Und ein Stück Fernsehgeschichte zu erleben.

Friends Building
90 Bedford Street
Das Gebäude diente für die Außenaufnahmen des Mietshauses, in dessen Dachgeschoss Jennifer Aniston, Courteney Cox & Co. in der Kultserie »Friends« wohnten. Im Parterre des Hauses befindet sich das kleine Restaurant The Little Owl, wo man auch Katie Holmes öfters antrifft.

Carrie Bradshaw's Apartment
66 Perry Street
Carrie Bradshaw, die von Sarah Jessica Parker gespielte Hauptfigur aus »Sex and the City« wohnte zwar angeblich in der Upper East Side (245 East 73rd Street), diese Adresse existiert aber nicht. Der echte Drehort liegt im Village, die Stufen zur Haustür von 66 Perry Street waren jahrelang die zu Carries (Film-)Tür. Carries Alter Ego Sarah Jessica Parker wohnt im echten Leben direkt um die Ecke.

Magnolia Bakery
401 Bleecker Street
magnoliabakery.com
Carrie und ihre drei Freundinnen aus »Sex and the City« holten sich hier gerne mal einen der unglaublich süßen Cupcakes. Für diese Zuckerbombe ist die Magnolia Bakery berühmt - vor der Tür stehen oft ewige Schlangen. Tipp: Überlassen Sie die (leider überschätzten) Cupcakes den Touristen und greifen Sie wie die Locals zum Banana Pudding: himmlisch!

Morandi
211 Waverly Place
morandiny.com
Keith McNally schuf schon die Hotspots Pastis und Balthazar. Im Morandi mit seinen Backsteinwänden, Holzbalken und Kronleuchtern fühlt man sich sofort wohl. Man speist

drinnen wie draußen an urigen Holztischen, nebenan sitzen gerne mal Liv Tyler oder Amal Clooney. Auf der Karte stehen italienische Klassiker wie Pizzoccheri und Linguine mit Muscheln. Sehr beliebt: der Wochenend-Brunch.

Waverly Inn
16 Bank Street
waverlynyc.com
Eine kurze Liste der Stars, die in Graydon Carters ultra-exklusivem Restaurant gesichtet wurden: Madonna, Jay-Z, Beyoncé, Anna Wintour, Bradley Cooper, Blake Lively, Steven Spielberg. Das Restaurant des legendären Ex-Chefs des Magazins *Vanity Fair* ist bei der High Society immer noch äußerst beliebt. Und das liegt neben der gleichbleibend gut soliden Küche und dem wunderbar quirky Personal auch an der besonderen Atmosphäre: Sobald man durch die kleine grüne Holztür tritt, kommt man sich ein bisschen vor wie im Paris der 20er-Jahre, gepaart mit dem Charme eines alten Pubs: Schummeriges Licht, brennende Kamine, niedrige Decken, die Wände sind mit einer feiernden Gesellschaft bemalt. Tipp: Die getrüffelten Mac'n' Cheese ordern – die stehen zwar nie auf der Karte, sind aber immer verfügbar.

Gotham Gym
600 Washington Street
gothamgymnyc.com
Das kleine Box-Studio im West Village kennt man in erster Linie von Instagram und Facebook: Topmodels wie Cara Delevingne, Sigrid Agren, Kendall Jenner und Gigi Hadid trainieren regelmäßig mit Besitzer und Boxing-Pro Rob Piela – und dokumentieren ihr Work-out gerne auf Social Media. Ab und zu sieht man auch Nachbar und Hollywood-Liebling Hugh Jackman, der seine Muskeln im Film »Wolverine« Rob und den Gotham-Gym-Trainern zu verdanken hat.

Place to be: der In-Italiener Morandi

EXTRATIPP

Ghost Tours
Das Village gehört nicht nur zu den schönsten Vierteln New Yorks – sondern auch zu den gruseligsten: Unter dem Washington Square Park beispielsweise befindet sich ein furchtbares Massengrab. Das Haus mit der Nummer 14 auf der 10th Street hat nicht nur diverse Morde gesehen, sondern beherbergt angeblich bis zum heutigen Tag auch 22 verlorene Seelen. Und natürlich spukt es an ziemlich vielen Orten ... Dreimal die Woche finden professionell geführte Geister-Touren im Viertel statt – natürlich immer erst nach Einbruch der Dunkelheit. Buchen z. B. über *hauntedmanhattan.com/greenwich-village-tour.*

Sehr weltlich: Die Kirche St. Mark's In The-Bowery wird auch für Lesungen und Tanz-Performances genutzt

Nicht nur das Gebäude ist imposant: New Museum of Contemporary Art

1—Tompkins Square Park
2—St. Marks Place
3—Yonah Schimmel's Knish Bakery
4—Mark Miller Gallery
5—Museum at Eldrige Street Synagogue

Morgenstern's ist berühmt dafür, ausgefallene Eiscreme-Sorten zu erfinden

TOUR

4

EAST VILLAGE & LOWER EAST SIDE

Das East Village gilt als Geburtsstätte des US-**Punk,** im CBGB-Club machten einst Iggy Pop und The Ramones Karriere. Zwar findet man hier nach wie vor Tattoo-Shops und Plattenläden. Aber mit der schäbigen Gegend, die in den 80er-Jahren **Andy Warhol** und **Jean-Michael Basquiat** inspirierte, hat es nichts mehr zu tun. Es ist Opfer der Gentrifizierung geworden, heruntergekommene Häuser wurden in Luxus-Wohnblocks, alteingesessene Delis in Hipster-Restaurants verwandelt. Natürlich gibt es einige Ecken, wo man den Geist vergangener Tage spüren kann. Zum Beispiel in Alphabet City, wo die Straßen Buchstaben statt Zahlen tragen. Die Lower East Side war früher der Mittelpunkt des jüdischen Lebens in New York. Noch heute zeugen jüdische Bäckereien, Synagogen und kleine Läden davon.

SPAZIERGANG: VOM TOMPKINS SQUARE PARK ZU DEN JÜDISCHEN DELIS DER EAST HOUSTON STREET UND SPANNENDEN GALERIEN

Startpunkt ist der **Tompkins Square Park.** Wer gerne in Vintage-Läden stöbert, sollte von hier aus die 9th Street Richtung Westen nehmen, dort gibt es viele Secondhandshops, wie z. B. Cobblestones (314 East 9th Street), Fabulous Fanny's oder D L Cerney (324 East 9th Street). Alternativ auf dem **St. Mark's Place** bummeln, dem bevorzugten Wohnort vieler Künstler in den 50er- bis 70er-Jahren. Bevor man zur First Avenue gelangt, auf der linken Seite bei Nr. 96–98 wurde das »Physical Garden«-Cover von Led Zeppelin fotografiert. Abstecher nach Norden, zur Kirche **St. Mark's Church-In-The-Bowery,** der zweitältesten Kirche Manhattans und Grabstätte von Peter Stuyvesant, dem ehemaligen holländischen Gouverneur. Ein eher unkonventionelles Haus. Es öffnet seine Türen oft für kulturelle Highlights wie Poetry Slams oder Tanz-Performances. Danach über die idyllische Stuyvesant Street in Richtung Süden auf der Bowery, bis sie die East Houston Street kreuzt.
Zum Lunch Knishes auf die Hand von **Yonah Schimmel's Knish Bakery** (137 East Houston Street), die seit 1910 besteht. Hier wird man noch an die jüdischen Wurzeln der Lower Eastside erinnert, ebenso bei Katz's Delicatessen, 1888 eröffnet und für seine üppig belegten Pastrami-Sandwiches bekannt (205 East Houston Street). Hier wurde auch die legendäre Orgasmusszene aus dem Film »Harry und Sally« gedreht. Rechts abbiegen in die Norfolk Street, dann wieder rechts auf die Stanton Street, bis man auf die Orchard Street stößt und sie in Richtung Süden heruntergeht. Eine gute Adresse für Männermode ist Self Edge (Nr. 157). Zwischen Rivington und Canal Street befinden sich einige interessante Galerien. Sehenswert: die **Mark Miller Gallery** (Nr. 92). Auch auf der Broome Street zwischen Chrystie und Bowery kann man beeindruckende Kunst sehen, zum Beispiel bei Jack Hanley (327 Broome Street). Zum Abschluss ins **Museum at Eldrige Street Synagogue** (12 Eldridge Street), in dem die jüdische Geschichte des Viertels sehr anschaulich nacherzählt wird.

Rechte Spalte: Der St. Mark's Place im East Village (oben). Beliebt wegen seiner Hotpots: Málà Project (Mitte). Alteingesessen: Yonah Schimmel's Knish Bakery (unten)

Linke Spalte: Jake Dell, Besitzer des berühmten Lokals Katz's Delicatessen (oben). Hang-out im Retro-Stil: The Flower Shop (unten)

ESSEN UND TRINKEN

Kreiert Eiscreme-Trends: Morgenstern's Finest Icecream

FRÜHSTÜCK

Dimes
49 Canal Street
dimesnyc.com
Coole Vibes an der Grenze zu Chinatown. Wer frische und kreative Küche liebt, ist hier goldrichtig. Die Açai- und die Quinoabowl schmecken ausgezeichnet, die Matcha Buttermilk Pancakes machen regelrecht süchtig. Auch zum Lunch ein echter Hit! Tipp: Die Besitzerinnen Sabrina De Sousa und Alissa Wagner stellen auch ihre eigene Naturkosmetik her: Der Lip Balm schmeckt nach Mango und Pfefferminze.

LUNCH

Málà Project
122 1st Avenue
malaproject.nyc
Für seine chinesischen Drypots aus Sezuan, die man sich selber aus etwa 70 Zutaten zusammenmischen kann, ist Málà Project berühmt. Betrieben wird das mehrfach ausgezeichnete Lokal von Amelie Kang. Tipp: »Mild spicy« bestellen, die höheren Schärfestufen sind in der Regel zu ambitioniert. Und als Vorspeise unbedingt Scallion Pancakes ordern.

Morgenstern's Finest Icecream
2 Rivington Street
morgensternsnyc.com
Nick Morgenstern setzt Trends: Er erfand z. B. die schwarze Kokosnuss-Eiscreme, ein absoluter Hit, nicht nur auf Instagram. Unsere Lieblingssorten: Cardamom Lemon Jam und Cinnamon Whiskey. Wer experimentierfreudig ist, sollte sich eine Kugel Salted Pretzel gönnen.

DINNER

Cervo's
43 Canal Street
cervosnyc.com
Himmlisch für Liebhaber von Meeresfrüchten. Man fühlt sich ein bisschen wie in einem südeuropäischen Ferienlokal: Die Atmosphäre ist lebhaft, die Küche bodenständig, inspiriert von spanischen und portugiesischen Rezepten. Zum Nachtisch unbedingt den Mandelkuchen mit Himbeeren und Pflaumen bestellen. Auch zum Sonntags-Brunch (11–15 Uhr) absolut lohnenswert!

Gem
116 Forsyth Street
gem-nyc.com
Wer im Gem bei Wunderkind Flynn

Beliebt bei der Creative
Crowd: The Fat Radish

Die Bar Belly serviert Austern und starke Drinks

McGarry (S. 64) einen Tisch ergattert, kann sich glücklich schätzen. Gourmets reißen sich darum, bei dem jungen Kalifornier zu speisen. Die Atmosphäre: very low key, familiär und herzlich. Für das exquisite 12- bis 15-gängige Menü zahlt man etwa 155 $, es wird dienstags bis samstags in zwei Schichten serviert.

The Fat Radish
17 Orchard Street
thefatradishnyc.com
Beliebter Treffpunkt der Fashion- und Kreativszene, der von zwei Briten geführt wird, die schon seit dem Internat befreundet sind. Das Interieur: weiße Ziegelsteinwände, urige lange Holztische, gedämpftes Licht. Das Menü wechselt saisonal, die frischen Zutaten stammen von Farmern aus der Gegend. Wer den Burger oder den Kale Caesar Salad bestellt, wird nicht enttäuscht.

DRINKS UND AUSGEHEN

Bar Belly
14 Orchard Street
barbellynyc.com
Geniale Cocktail- und Austernbar von den Machern des Fat Radish. Neben gut gemischten Drinks und Bar-Food-Klassikern steht coole Live-Musik von Blues bis Jazz auf dem Programm – einfach online auf der Seite checken!

The Flower Shop
107 Eldridge Street
theflowershopnyc.com
Cocktails trinken in ziemlich lässigem Ambiente. Der etwas mühsam zu googelnde »Blumenladen« ist eine Mischung aus Restaurant und Bar im 70er-Jahre-Stil, mit einem Billardtisch, einer Jukebox und einem rosa Kamin. Schon allein die Drinks sind einen Abstecher hierher wert!

EINKAUFEN

Coming Soon
37 Orchard Street
comingsoonnewyork.com
Wer auf der Suche nach einzigartigen Mitbringseln oder Möbeln im Vintage-Style ist, wird hier garantiert Geld ausgeben: bunte Cocktail-Tumbler, Hingucker-Vasen, schräge Teller und Tassen, Stühle und Sofas aus den 80ern – ein wunderbares Potpourri, das schwer zu toppen ist.

John Derian
6 E 2nd Street
johnderian.com
Teller, Untersetzer, Schalen, Briefbeschwerer und Duftkerzen – bei John Derian findet man allerlei schöne Dinge. Der Designer bedient sich gerne der Decoupage, eines Handwerks aus dem 18. Jahrhundert. Dabei wird farbiges Papier oder Ausschnitte von alten Büchern auf Objekte geklebt und so oft mit Lackschichten überzogen, bis das Ergebnis wie eine Malerei oder eine Inlay-Arbeit wirkt. Mittlerweile verkauft Derian auch Möbel und Antiquitäten, die er auf seinen Reisen entdeckt hat.

Maryam Nassir Zadeh
123 Norfolk Street
mnzstore.com
Die coole, cleane Boutique wirkt fast wie eine Kunstgalerie, ihre Auswahl an Designern ist very fashionable: Jacquemus, Lemaire, Linda Farrow, Rejina Pyo oder Lizzie Fortunato. Auch die angesagten Schuhe des Eigenlabels von Maryam Nassir Zadeh sind für viele ein Grund für einen Abstecher in die Lower East Side.

KUNST UND KULTUR

New Museum of Contemporary Art
235 Bowery Street
newmuseum.org
Schon alleine die Fassade des siebenstöckigen, verschachtelten Gebäudes ist beeindruckend. Das Haus, das vom japanischen Architekturbüro Sanaa designt wurde, zählt zu den interessantesten Museumsneubauten der jüngsten Zeit und ist berühmt für seine innovativen zeitgenössischen Ausstellungen. Hier zeigten unter anderem Jeff Koons und John Baldessari ihre Werke, bevor sie Weltstars wurden.

Nuyorican Poets Café
236 E 3rd Street
nuyorican.org
1973 vom puerto-ricanischen Dichter Miguel Algarín gegründet, ein Stück East-Village-Geschichte. Einer der beliebtesten Orte der Stadt für Lesungen, Poetry Slams, ausgefallene Film- und Videovorführrungen. Tickets auf jeden Fall vorher online besorgen!

»Thomas Bayrle: Playtime« im New Museum of Contemporary Art

The Swiss Institute Contemporary Art
38 St Marks Place
swissinstitute.net
Unabhängige Galerie für zeitgenössische Kunst und Plattform für junge, aufstrebende Künstler. Beliebt für seine innovativen Ausstellungen, zum Beispiel von Franz Gertsch oder Timothée Calame. Der Eintritt ist frei.

Museum of Reclaimed Spaces
155 Avenue C
morusnyc.org
Die Geschichte des zivilen Ungehorsams im East Village. In einem ehemaligen besetzten Haus werden die lokalen Aktivisten, die sich unter anderem gegen die Gentrifizierung wehrten, durch Ausstellungen, Filme und Videos gefeiert. Thema ist auch die Occupy-Wall-Street-Bewegung. Wer will, kann an einer Führung durch das Viertel teilnehmen zur Geburtsstätte der Bewegung und den Gemeinschaftsgärten der Gegend.

RELAX

The Blind Barber
339 E 10th Street
blindbarber.com
Wilder Mix aus Barber-Shop und Bar, ein echter Nachbarschafts-Treff und eine Hommage an die Barbiere des frühen 20. Jahrhunderts. Das Ambiente ist rustikal-nostalgisch, die Drinks stark. Wer hungrig ist, kann eine Pizza bestellen, die von nebenan geliefert wird.

Parque de Tranquilidad
314–318 E 4th Street
Das East Village ist berühmt für die dichteste Konzentration an Gemeinschaftsgärten in den Vereinigten Staaten, die alle von Aktivisten hart erkämpft wurden. Einen zu besuchen gehört dazu, wenn man ein Stück echtes East Village erleben möchte. In vielen Gärten steht innovative Kunst von lokalen Künstlern. Der Parque de Tranquilidad ist genau das, was sein Name vermuten lässt: ein malerischer Garten mit Rosen und Lilien, hohen Bäumen und bequemen Bänken – und ein Ort der absoluten Ruhe.

SCHLAFEN

Standard East Village
25 Cooper Square
standardhotels.com
Charmantes Boutique-Hotel im Besitz von André Balazs, dem Erfinder der hippen Hotelkette. 21 Stockwerke hoch, in der hoteleigenen Narcbar, die bis 2 Uhr nachts geöffnet hat, feiern die Cool Kids; besonders beliebt: das deutsche Bier und der megascharfe Cocktail Hot Shot aus Jalapeno-Tequila, Mescal, Ananas und Lime. Die Zimmer sind minimalistisch und modern designt, aus fast jedem hat man einen Wahnsinnsblick über die Stadt. Einer der besten Plätze des Hotels: der idyllische Garten. Zimmer ab ca. 350 $.

The Bowery Hotel
335 Bowery Street
theboweryhotel.com
Retro-Glamour vom Feinsten. Die Lobbybar des angesagten Hotels ist wegen ihres einzigartigen Mix aus gemütlich

Schön geräumig: Zimmer im The Bowery Hotel

und cool ein beliebter Treffpunkt der Szene. Das Dekor: tiefe Samtsofas, Jagdbilder, ein brennender Kamin und schwere Vorhänge. Der Stil setzt sich in den mit dunklen Holzmöbeln eingerichteten Zimmern und Suiten fort, von denen in Richtung Norden kann man teilweise das Empire State Building sehen. Toll: Die Bäder sind mit Produkten der Kosmetikmarke C.O. Bigelow ausgestattet. Auch das hauseigene italienische Restaurant Gemma steht auf der New Yorker Hotlist. Zimmer ab ca. 350 $.

EXTRATIPP

Freeman Alley
Inmitten der Galerien, Geschäfte und trendigen Restaurants der Lower East Side kann man dieses Gässchen, ein wahres Kleinod, das von der Rivington Street abgeht, leicht verpassen. Früher standen die Menschen hier stundenlang an, um Brot von der Bowery Mission zu erhalten, heute kann man in der engen Straße die Werke weltbekannter Streetart-Künstler wie Banksy, ASVP und Army of One bewundern. Tipp: Im wunderbar-gemütlichen Restaurant Freemans (*freemansrestaurant.com*) am Ende des Sträßchens zum Dinner einkehren und auf mindestens einen Drink danach in die heimelige Banzabar im 1. Stock.

Schlummern mit Ausblick im Hotel Standard East Village

FLYNN MCGARRY

Die amerikanische *Vogue* nannte ihn den »Justin Bieber des Kochens«. Denn mit nur 19 Jahren eröffnete Flynn McGarry sein erstes eigenes Restaurant: Das Gem (S. 58) in der Lower East Side setzt nicht auf durchgestyltes Nobel-Ambiente, sondern auf nachbarschaftliche Gemütlichkeit. Man solle sich dort fühlen, als ob man bei Freunden zum Dinner wäre, erklärt McGarry. Flynn, der bereits das Cover des *New York Times Magazine* zierte, stand schon in Weltklasse-Restaurants wie im Geranium in Kopenhagen hinter dem Herd. Auf der Berlinale lief im Jahr 2018 sogar eine Dokumentation über das coole kulinarische Wunderkind: »Chef Flynn«.

WAS IST IHR LIEBLINGSVIERTEL?

— Die Lower East Side, weil es einer der wenigen Orte in Lower Manhattan ist, der sich nach echter Nachbarschaft anfühlt. Hier spürt man noch einen Sinn für Gemeinschaft. Ich würde mein Restaurant Gem an keinem anderen Ort haben wollen.

WELCHE CAFÉS KÖNNEN SIE UNS DORT ZUM FRÜHSTÜCKEN EMPFEHLEN?

— **Dimes** (S. 58), die Atmosphäre dort ist ziemlich gechillt, und die Gäste sind eine gute Mischung von Leuten aus der Nachbarschaft. **Russ & Daughters** (127 Orchard Street, *russanddaughterscafe.com*) ist ein New Yorker Klassiker mit dem besten Fisch der Stadt und einem guten typischen Bagel. Auch bei **Kossar's** (367 Grand Street, *kossars.com*) gibt es gute Bagels und das beste Bialy, das Sie finden können. **Cafe Integral** (S. 34) hat meinen Lieblingskaffee, hier komme ich fast täglich her.

WELCHES SIND DIE BESTEN ORTE ZUM LUNCH?

— Für ein schnelles Mittagessen: ein Stück Pizza auf die Hand von **Scarr's Pizza** (22 Orchard Street, *scarrspizza.com*), **Lan Zhou** (40 Bowery, *lam-zhou-handmade-noodle.com*) hat die besten Nudeln in der Nachbarschaft. **Uncle Boons Sister** (203 Mott Street, *uncleboonssister.com*) ist auch immer eine gute Wahl für einen Happen zwischendurch, das dazugehörige **Uncle Boons** (S. 35) mag ich als Dinner-Location. Bei **Málà Project** (S. 58) kommen köstliche Hot Pots auf den Tisch.

WO GEHEN SIE GERNE ZUM DINNER HIN?

— Zu **Wildair** (142 Orchard Street, *wildair.nyc*), dort hat man das Gefühl, in einer Pariser Weinbar zu sein. Wenn ich Lust auf ein simples Fischgericht habe, gehe ich ins **Cervo's** (S. 58). Und im **Spicy Village** (68 Forsyth Street, *spicyvillageny.com*) kommt ein toller Mix der klassischen chinesischen Küche auf den Tisch, Pork Pancake bestellen!

WELCHES SIND DIE BESTEN ORTE, UM IN DIE KUNSTWELT EINZUTAUCHEN?

— Das **Met Breuer** (S. 108) ist immer eine gute Wahl. Die Galerien von **David Zwirner** (drei Locations, *davidzwirner.com*) haben wirklich einzigartige Kunst. Und die Galerie **Perrotin** (130 Orchard Street, *perrotin.org*) wurde gerade neben dem Gem eröffnet.

WELCHE SEHENSWÜRDIGKEITEN IN IHRER NÄHE SIND EIN MUSS?

— **Columbus Park,** dort spielen oft traditionelle chinesische Musiker oder andere Bands. Außerdem macht es echt Spaß, über die chinesischen Märkte in Chinatown zu bummeln.

WELCHES HOTEL KÖNNEN SIE EMPFEHLEN?

— Das **Bowery Hotel** (S. 62), es hat großartige Zimmer, und die Lage ist toll. In fünf Minuten können Sie von dort aus nach SoHo oder auf die Lower East Side laufen. Und nach Uptown kommt man auch leicht.

IN WELCHEN GESCHÄFTEN KAUFEN SIE BESONDERS GERN EIN?

— Bei **Coming Soon** (S. 61), dort finde ich oft einzigartige Antiquitäten und Vintage-Möbel. Wer Mode shoppen möchte: **Totokaelo** (190 Bowery, *totokaelo.com*) hat eine großartige Auswahl an Klamotten für Männer und Frauen. Außerdem liegt der Laden in einem interessanten historischen Gebäude mit einem einzigartigen Interieur.

WELCHES IST IHR LIEBLINGSORT, DEN NICHT JEDER KENNT?

— Der wunderschöne **Elizabeth Street Garden** (*elizabethstreetgarden.com*) in SoHo.

GIBT ES EINEN SPA ODER FRISEURSALON, DEN SIE EMPFEHLEN KÖNNEN?

— Auf jeden Fall **The Blind Barber** (S. 62) im East Village.

Es grünt so grün … die »High Line« ist der längste Dachgarten der Welt

45 Meter hoch und über 600 Tonnen schwer: die gigantische begehbare Skulptur Vessel

1—Chelsea Piers
2—Marianne Boesky Galler
3—Hauser & Wirth
4—Le Grainne Cafe
5—Chelsea Market
6—Los Tacos

Das Empire Diner hat Kultstatus, seit 1946 wurde es mehrfach neu eröffnet

Kultur mit Mega-Ausblick im Whitney Museum, erste Adresse für amerikanische Kunst

TOUR

5

CHELSEA & MEATPACKING DISTRICT

Chelsea ist das künstlerische Herz von New York. Nur wer hier seine Galerie hat, gehört zum elitären Art Circle. Die **Chelsea Piers,** Landungsbrücken im Hudson River zwischen der 17. und der 23. Street, erinnern an ein tragisches Ereignis: Dort war einst die Ankunft der **»Titanic«** geplant. Heute sind sie wegen ihrer Sport- und Freizeitanlagen beliebt. Im Meatpacking District wurde in den 80er-Jahren noch geschlachtet, jetzt reihen sich Designer-Boutiquen und Restaurants aneinander, Lieblingsspot der Gegend: die **»High Line«.** Die lange Zeit stillgelegte, heruntergekommene Hochbahn wurde von den Stararchitekten Diller und Scofidio in eine Art Park verwandelt. 20 Meter über den Straßen der Stadt zieht sie sich die Westseite Manhattans entlang.

SPAZIERGANG: VOM WHITNEY MUSEUM ÜBER DIE HIGH LINE ZUM CHELSEA MARKET

Den idealen Eindruck vom Meatpacking Disctrict bekommt man bei einem Bummel über die **Jane,** die **Horatio** und die **Gansevoort Street,** die praktischerweise nah beieinanderliegen. Achtung: An den Wochenenden herrscht hier gerne mal extremes Gedränge. Direkt neben dem **Whitney Museum of American Art** (S. 73) den Aufgang zur **»High Line«** an der Gansevoort Street nehmen. Am spannendsten ist es nämlich, auf den ehemaligen Bahngleisen von Süden nach Norden zu laufen, vorbei an André Balazs' Standard-Hotel und dem Bürohochhaus, das Frank Gehry erbaut hat. Außerdem hat man einen guten Blick auf eines der neuesten Wahrzeichen der Stadt: die Mega-Skulptur **»Vessel«** in den Hudson Yards, erbaut vom britischen Star-Architekten Thomas Heatherwick: eine Art Bienenwabe, 45 Meter hoch mit 154 ineinandergreifenden Treppen. Der Abgang an der 28th Street ist perfekt, um ausgiebig durch Chelsea und seine Galerien zu bummeln. Sie drängen sich zwischen der 26th und der 22nd Street sowie der 10th und 11th Avenue. Bemerkenswert: die Galerie **Marianne Boesky,** die unter anderem Frank Stella (509 W 24th Street) vertritt, die Matthew Marks Gallery (523 W 24th Street), **Hauser & Wirth** (548 W 22th Street) und die Pace Gallery (510 W 25th Street). Shopping-Abstecher zu Story (144 10th Avenue), einem außergewöhnlichen Konzeptstore, der eine breite Auswahl verkauft: von Mode über Geschirr bis zu lustigen Technik-Gadgets. Schneller Lunch gefällig? Entweder ins intime **Le Grainne Cafe** (183 9th Avenue) im French-Style auf ein Croque Monsieur. Oder zum **Chelsea Market** (16th Street). Die ehemalige Keksfabrik und Markthalle erstreckt sich über einen ganzen Straßenblock. Bei **Los Tacos** (*lostacos1.com*) kann man die köstlichsten Tacos der Welt verspeisen!

Linke Spalte: Fassade der Pace Gallery (oben). Retro-Restaurant Motel Morris (Mitte). Renner beim Brunch im Gallow Green: die frischgepressten Juices (unten)

Rechte Spalte: Bummeln im Grünen auf der stillgelegten Hochbahntrasse »High Line« (oben). Fassade des ikonischen Whitney Museum of American Art, das Renzo Piano gestaltet hat (unten)

ESSEN UND TRINKEN

FRÜHSTÜCK

Brooklyn Bagel & Coffee Company
286 8th Avenue
bkbagel.com
Vorsicht: An Wochenendmorgen bilden sich vor diesem Bagel-Shop lange Schlangen. Für manche wird hier der leckerste Bagel der Stadt verkauft. Nicht vom Namen irritieren lassen, die Café-Kette hat Standorte in Manhattan und Queens, aber keinen einzigen in Brooklyn.

LUNCH

Sullivan Street Bakery
236 9th Avenue
sullivanstreetbakery.com
Gut & günstig: Jim Lahey, ein ehemaliger Kunststudent, der sein Handwerk in einer der besten Bäckereien Roms lernte, ist durch seine Brote und Pizzen eine Art Berühmtheit geworden. Tipp: Das Avocado Egg Sandwich oder das mit Chicken Salad bestellen!

Motel Morris
132 7th Avenue
motelmorris.com
Easy Restaurant im Retro-Style, ideal für ein schnelles Mittagessen. Der Mad Morris Burger oder die Huevos Rancheros sind hier der Renner. Das Lokal ist auch ein angesagter Treffpunkt zum Brunchen am Wochenende – der Bloody Mary killt jeden Kater.

DINNER

El Quinto Pino
401 W 24th Street
elquintopinonyc.com
Aus Alex Raij und Eder Monteros winziger Tapas-Bar wurde ein In-Place, der besonders für Dates sehr beliebt ist – der Laden ist fast jeden Abend ausgebucht. Die Auswahl an Tapas ist wirklich schwer zu toppen – unbedingt auch die Bocadillos versuchen!

Empire Diner
210 10th Avenue
empire-diner.com
Diner-Klassiker im Art-déco-Stil, der seit 1976 mit kurzen Unterbrechungen herzhafte amerikanische Küche serviert. Der Empire Burger ist der Hit! Wer es lieber fleischlos mag: Mac & Cheese bestellen, danach braucht man auch garantiert keinen Nachtisch mehr! Falls jemandem die Fassade bekannt vorkommt ... Das Empire Diner ziert Tom Waits' CD-Cover »Asylum Years«.

DRINKS UND AUSGEHEN

The Drunken Horse
225 10th Avenue
drunkenhorsenyc.com
Der Name trügt: Dies ist kein Westernsaloon, sondern eine charmante Bar mit guter Weinauswahl zu fairen Preisen. Dazu ordert man deftige Käseplatten, mediterranes Fingerfood, Hummus und Falafeln. Gut zu wissen: Happy Hour täglich von 15–18 Uhr!

EINKAUFEN

Pippin Vintage
112 W 17th Street
pippinvintage.com
Eine echte Schatzkiste: Wer auf der Suche nach etwas Besonderem ist, wird in dieser Boutique, die sich auf Vintage-Schmuck spezialisiert hat,

Das Standard-Hotel direkt an der »High Line«

glücklich. Rachel und Stephen Coopers verkaufen hier sowohl supergünstige Accessoires, etwa eine Brosche für unter 10 $. Aber auch Art-déco-Diamantringe und Ohrringe, die das Shoppingbudget schon mal sprengen können.

Jeffrey
449 W 14th Street
jeffreynewyork.com
Jeffrey Kalinsky, ehemals verantwortlich für das Schuhsortiment bei Barneys, war einer der Pioniere des Meatpacking District, als er 1999 seinen gleichnamigen Laden in einer ehemaligen Lagerhalle eröffnete. Im Angebot ist Fashion von Simone Rocha über Tom Ford bis Vetements, das Herzstück der Boutique ist allerdings die bestens sortierte Schuhabteilung.

KUNST UND KULTUR

Gagosian Gallery
522 West 21st Street
gagosian.com
Larry Gagosian, Spitzname »Go-Go«, gilt als mächtigster Kunsthändler der Welt. Der ehemalige Posterverkäufer aus L.A. hat ein Imperium aufgebaut – 16 Zweigstellen zwischen Hong Kong und New York. Gagosian handelt die ganz Großen: Twombly, Hirst, Picasso, Warhol, Basquiat. Eröffnet wurde seine gigantische Galerie mit einer riesigen Installation von Richard Serra. Wer beim schärfsten Konkurrenten vorbeischauen will – David Zwirner hat seine eindrucksvollen Showräume nur ein paar Straßen weiter (525 W 19th Street). Gerade baut er mit Renzo Piano an einem neuen Ausstellungstempel der Superlative.

Wunderbar altmodisch: die Zimmer im High Line Hotel

Museum at FIT (Fashion Institute of Technology)
227 W 27th Street
fitnyc.edu/museum/
Nicht nur für Fashion-Fans: eines der innovativsten Mode-Museen der Welt. Die Costume Collection präsentiert über 50 000 Stücke von Designern wie Christian Dior, Halston, Vivienne Westwood und Coco Chanel, die die Entwicklung der Mode von der Mitte des 18. Jahrhunderts bis heute dokumentieren. Auch die Millinery Collection ist beeindruckend: über 3000 Hüte von berühmten Hutmachern wie Lilly Dach und Philip Treacy.

Rubin Museum of Arts
150 W 17th Street
rubinmuseum.org
Einzigartiges Museum, das sich der buddhistischen Kunst und Kultur des Himalaya verschrieben hat. Gemälde, Skulpturen und Meditationsbilder aus Tibet, Nepal, Bhutan, Indien und der Mongolei. Insgesamt zeigen Shelley und Donald Rubin mit ihrer Sammlung fast 4000 Objekte auf fünf Stockwerken, vom 2. Jahrhundert bis heute.

Whitney Museum of American Art
99 Gansevoort Street
whitney.org
Renzo Piano hat das beeindruckende Gebäude am Fuße der »High Line« entworfen. Alle Großen der amerikanischen Kunst des 20. Jahrhunderts sind hier vertreten, von Keith Haring und Robert Rauschenberg über Edward Hopper bis Andy Warhol. Unbedingt angucken: »Calder's Circus« von Alexander Calder, Andy Warhols »Alice Neel« und Joseph Stellas Bild »The Brooklyn Bridge: Variation on an old theme«. Gegründet wurde die faszinierende Sammlung übrigens 1931 von Gertrude Vanderbilt Whitney. Im hauseigenen Restaurant Untitled serviert Suzanne Cupps frische, saisonale Küche, durch die riesigen Glasfenster hat man einen tollen Blick auf die »High Line« und den Hudson River.

SCHLAFEN

High Line Hotel
180 10th Avenue
thehighlinehotel.com
Sehr günstig gelegen gleich gegenüber der »High Line«: Hier kann man in einem ehemaligen Priesterseminar aus dem 19. Jahrhundert ziemlich luxuriös übernachten. Das Interieur des gotischen Gebäudes mit nur 60 Zimmern wurde von New Yorks beliebtestem Designer-Duo Roman and Williams entworfen. Highlights des Hauses: die Intelligentsia-Kaffeebar, das allsommerliche Pop-up-Restaurant im Garten und die antik-eklektisch eingerichteten Zimmer mit alten Wähl-Telefonen und exklusiven Toilettenartikeln des New Yorker Beautylabels C.O. Bigelow in den Bädern. DZ ab 400 $.

EXTRATIPP

McKittrick Hotel
530 W 27th Street
mckittrickhotel.com
Eine Art Gesamtkunstwerk: »Gallow Green«, die üppig bepflanzte Dachterrasse des McKittrick Hotel (das übrigens kein Hotel ist), bietet einen tollen Blick auf New Jersey und den (meist) wolkenverhangenen Horizont. Vor allem der Brunch am Wochenende ist meistens ausgebucht, unbedingt vorher reservieren. Man sitzt an verwitterten Holztischen, schlemmt Lachs und Quinoasalat und fühlt sich ein wenig wie in einem idyllischen Schrebergarten – mitten in der Stadt. Auf keinen Fall verpassen: »Sleep No More«, die beliebte fast dreistündige Theateraufführung im McKittrick Hotel, die Hitchcocks Spürsinn, Kubricks Bildsprache, Voyeurismus und einzigartige Unterhaltung perfekt vereint. Maske tragen ist Pflicht!

VANESSA VON BISMARCK

Sie besitzt eine der einflussreichsten Agenturen für Strategie, Markenbildung und Kommunikation, zu ihren Kunden zählen die ganz Großen der Fashion-, Beauty-, Luxus- und Lifestylebranche. Gemeinsam mit ihrer Partnerin Carrie Ellen Phillips gründete die Ur-Ur-Enkelin von Otto von Bismarck die Firma BPCM, die heute Niederlassungen in New York, Los Angeles und London unterhält und über 100 Mitarbeiter hat. Doch Vanessa von Bismarck wird nicht nur wegen ihres beeindruckenden Erfolgs hochgeschätzt, sondern auch wegen ihres Stils, ihrer Smartness und ihrer Herzlichkeit. Gemeinsam mit ihrem Ehemann, dem Unternehmer Maximilian Weiner, ist sie ein fester Bestandteil der New Yorker Gesellschaft. Sie hat zwei Kinder und lebt in Chelsea.

WAS IST IHR LIEBLINGS-VIERTEL, UND WARUM IST ES SO BESONDERS?

Definitiv Chelsea. Es vereint alles, was an New York so faszinierend ist – Kunst, Mode, Architektur, Essen und Vielfältigkeit.

WELCHES SIND DIE BESTEN ORTE IN IHRER NACHBARSCHAFT, UM ZU MITTAG ZU ESSEN, UND WARUM?

Cookshop (156 Tenth Avenue, *cookshopny.com*) ist toll für einen gesunden Lunch aus regionalen Produkten (nur das, was gerade Saison hat, kommt auf den Tisch). **Los Tacos** (S. 68) verkauft die BESTEN Tacos in New York (meine kleinen Lieblingssünden). Empire Diner (S. 70) hat den köstlichsten Hamburger der Gegend. **El Quinto Pino** (S. 70) liebe ich für einen Drink nach der Arbeit und für die Tapas. Auch wirklich toll: Mittagessen auf dem neu eröffneten **RH Gallery Rooftop** (9 Ninth Avenue, *rhmodern.com*), die Speisekarte wurde von Brendan Sodikoff kuratiert.

WAS SIND IHRE DINNER-HOTSPOTS UND WARUM?

RedFarm (529 Hudson Street, *redfarmnyc.com*), weil dort nachhaltige chinesische Küche serviert wird. Bei **Sant Ambroeus** (249 West 4th Street, *santambroeus.com*) bekommt man die köstlichsten italienischen Gerichte im West Village. Das **Indochine** (430 Lafayette Street, *indochinenyc.com*) ist ein klassischer New Yorker Dinner-Spot. Außerdem das Fat Radish (S. 60) und das **Brigitte** (37 Canal Street, *brigitteles.com*).

WOHIN GEHEN SIE GERNE FÜR EINEN AFTER-DINNER-DRINK?

In die **Apotheke Cocktail Bar** (S. 35) in Chinatown, ins Acme (9 Great Jones Street, *acmenyc.com*), ins Bowery Hotel (S. 62), ins **Gitano** (76 Varrick Street, *grupogitano.com*) und ins Drunken Horse (S. 70).

GIBT ES EINE KNEIPE, DIE SIE EMPFEHLEN KÖNNTEN?

Das Leadbelly (S. 60), das man auch als **Bar Belly** kennt, auf der Orchard Street.

WELCHE SIND DIE BESTEN ORTE, UM IN DIE KUNSTWELT EINZUTAUCHEN?

Ich empfehle folgende Galerien: die Gagosian Gallery (S. 71), die **Pace Gallery** (S. 68) und Hauser & Wirth (S. 68). Bei Museen: das MoMA (S. 96), das Guggenheim (S. 103), The MET Breuer (S. 108) und das **MoMA PS1** (22-25 Jackson Avenue, Long Island City, *momaps1.org*).

WAS SOLLTE MAN SICH IN IHRER GEGEND ANSEHEN?

Die »High Line« (S. 68), **Thomas Heatherwicks Vessel** (S. 68), den Hudson River Park (*hudsonriverpark.org*), den **Chelsea Market** (S. 68), das Whitney Museum of American Art (S. 73), die RH New York Gallery und die New York Trapeze School (S. 11) am Westside Highway.

UND WAS SOLLTE MAN AUSSERDEM AUF KEINEN FALL NICHT VERPASSEN?

Das »9/11 Memorial« (S. 20), den Central Park (S. 103 ff.), **Governors Island** (S. 26), den Konzeptstore **10 Corso Como** (S. 24), Chinatown. Und nehmen Sie die Roosevelt Island Tramway und erkunden Sie Roosevelt Island (S. 11).

Schummrige Stimmung in der Apotheke Cocktail Bar

WELCHES IST FÜR SIE DAS CHARMANTESTE HOTEL DER STADT?

Echtes Upper-East-Side-Lebensgefühl genießt man im **The Mark** (S. 109) oder **The Carlyle** (35 East 76th Street, *rosewoodhotels.com*). Wer einmal in einem Kloster schlafen möchte, sollte in Chelsea im **High Line Hotel** (S. 73) übernachten. Absolute Privatsphäre erwünscht? Dann bitte im Greenwich Hotel (S. 25) einchecken, das Robert de Niro gehört. Das **Crosby Street Hotel** (S. 37) in SoHo ist auch sehr charmant.

WELCHES SIND IHRE SHOPPING-EMPFEHLUNGEN, WENN MAN AUF DER SUCHE NACH MODE, INTERIOR ODER ANDEREN SCHÖNEN DINGEN IST? ___

___ Golden Goose Deluxe Brand (468 Broome Street) in SoHo oder auf der Madison (Nr. 941, *goldengoosedeluxe-brand.com*) hat die coolsten Sneakers und Klamotten in den Regalen. **Longchamp** (645 Fifth Avenue, *us.longchamp.com*) für stylische Handtaschen oder für eine Pliage, falls Sie in New York zu viel eingekauft haben! Yves Salomon (790 Madison Avenue, *yves-salomon.com*) verkauft die besten Pelze. **Monica Vinader** (S. 32) in SoHo für personalisierten Schmuck, ohne das Konto zu überziehen. Außerdem das Kaufhaus Barneys (S. 107). Meine Tipps für schönes Interior: die RH New York Gallery (9 Ninth Avenue, *rhmodern.com*) im Meatpacking District und **Antony Todd Interiors** (44 East 11th Street, *antonytodd.com*). Was sich sonst noch lohnt? Story (S. 68) in Chelsea, der Buchladen von Assouline (im Hotel The Mark, *themarkhotel.com/assouline-at-the-mark*), der **MoMA Design Store** (S. 36) in SoHo und, wie oben schon erwähnt, 10 Corso Como.

WAS SIND IHRE LIEBLINGSORTE IN NEW YORK, DIE NICHT JEDER KENNT? ___

___ Die **Freeman Alley** (S. 63), der Showplace Antique + Design Center (40 West 25th Street, *nyshowplace.com*), **Housing Works** (S. 50), weil man hier einkaufen und gleichzeitig Gutes tun kann. Das **Café Sabarsky** (S. 108, Neue Galerie) für die beste heiße Schokolade der Stadt, wenn es draußen kalt wird. Das Bohemian (S. 34), wenn man auf der Suche nach einem sehr exklusiven japanischen Restaurant ist. Und – wer gerne exquisite Cocktails trinkt – im **Raines Law Room** (S. 83) werden die besten gemischt.

GIBT ES EIN KINO, DAS SIE BESONDERS GERNE BESUCHEN? ___

___ Das Angelika Film Center & Café (18 W. Houston Street, *angelikafilmcenter.com*) oder das Alamo Drafthouse (*drafthouse.com/nyc*).

WAS SOLLTE MAN UNBEDINGT KAUFEN, WENN MAN IN DER STADT IST? ___

1. Frozen Hot Chocolate bei **Serendipity III** (S. 106)
2. Einen Burger bei Shake Shack (*shakeshack.com*)
3. Alles bei **KITH** (337 Lafayette Street, *kith.com*) oder Stadium Goods (S. 36)
4. Cronuts
5. Einen **Hotdog** auf der Straße
6. Das ist technisch gesehen jetzt nicht zu kaufen, aber Sie sollten auf jeden Fall einen Kurs bei SoulCycle (*soul-cycle.com*) oder bei Barry's Bootcamp (*barrysbootcamp.com*) ausprobieren.

WO IM HEKTISCHEN NEW YORK ENTSPANNEN SIE SICH AM LIEBSTEN? ___

___ In meinem Haus in Chelsea. Oder bei einem Spaziergang am frühen Morgen auf der »High Line«, bevor es voll wird. Oder ich setze mich an den **Hudson River.** Allerdings kommt man nicht nach New York, um zu entspannen.

GIBT ES EINEN SPA, DEN SIE EMPFEHLEN KÖNNEN? ___

___ AIRE Ancient Baths (S. 24), den Spa im Mandarin Oriental (*mandarinoriental.com*) oder den Shibui Spa (S. 25) im Greenwich Hotel.

WIE WÜRDEN SIE DIE ATMOSPHÄRE DER STADT BESCHREIBEN? ___

___ Hohe Oktanzahl, Kreativität gemischt mit Hardcore-Business, ständige Stimulation. Was man schnell über New York lernt: Man hört nie auf, in Bewegung zu sein.

Eines der ungewöhnlichsten Hochhäuser der Stadt: das Flatiron Building in Bügeleisenform

Danny Meyer gilt dank seiner coolen Kette Shake Shack als König der Burger-Macher

Auf dem Greenmarket am Union Square shoppen die Locals gerne frische Lebensmittel

1—Gramercy Park
2—Union Square Park
3—Block Beautiful
4—Gramercy Park Hotel
5—Theodore Roosevelt Birthplace

TOUR

6

FLATIRON & GRAMERCY PARK

Östlich von Chelsea gelegen, steht die Gegend um den Union Square und das signifikante dreieckige **Flatiron Building,** einer der ersten Wolkenkratzer der Stadt mit 92 Metern Höhe, für wirklich außergewöhnliche Architektur. Zwischen 1880 und 1920 galten die 5th und die 6th Avenue auf dieser Höhe als feinster Shopping-Distrikt von New York – feierlich wurde er »Ladies Mile Historic District« genannt. Edel geht es bis heute ein paar Blocks weiter östlich, rund um den **Gramercy Park,** den einzigen Privatpark der Stadt, zu. Er ist von eleganten, klassizistischen Brownstone-Villen gesäumt, leisten kann sich das Wohnen hier nur die Upper Class.

SPAZIERGANG: VON WARHOLS EHEMALIGER FACTORY AM UNION SQUARE ZU DEN ARCHITEKTONISCHEN IKONEN DER STADT

Startpunkt ist der **Union Square,** ein beliebter Versammlungsort der Stadt, mit seiner Reiterstatue von George Washington. Hier findet auch der malerische **Greenmarket** statt, bei dem die Bauern aus dem Umland ihre Waren anbieten und die New Yorker ihr frisches Obst und Gemüse holen (Mo., Mi., Fr., Sa. von 8–18 Uhr). Im Decker Building (33 Union Square) hatte **Andy Warhol** einst seine »Factory«, hier wurde er 1968 von der Aktivistin Valerie Solanas niedergeschossen und schwer verletzt. Etwas östlich, auf der Park Avenue Nr. 213 in Richtung Norden, lag die Stammkneipe von Warhol und seinen Freunden: Max's Kansas City, einst einer der berühmtesten Musikclubs der Welt: Hier traten Mick Jagger, David Bowie und der damals noch völlig unbekannte **Bruce Springsteen** auf, Debbie Harry arbeitete hier als Kellnerin. Weiter in Richtung Osten zum Irving Place. Wegen seiner wunderbaren Architektur wird der Block zwischen Irving Place und 3rd Avenue entlang der 19th Street auch **»Block Beautiful«** genannt. Am Ende von Irving Place liegt der Gramercy Park mit seinen schönen Backsteinhäusern, in den Park hinein dürfen allerdings nur die Anwohner des noblen Wohnviertels. Und die Gäste des **Gramercy Park Hotel** (S. 84). Kurze Stärkung im Nur (34 E 20th Street): cooles Ambiente, serviert werden köstliche Speisen aus dem Mittleren Osten. Weiter in Richtung Westen bis zur Kreuzung Broadway, vorbei am Lord & Taylor Building, einem ehemals berühmten Kaufhaus, zu **Theodore Roosevelts Birthplace** (S. 84). Hier kam der ehemalige Präsident der Vereinigten Staaten 1858 auf die Welt, heute ist das Haus ein Museum. Danach dem Broadway in Richtung Norden folgen, bis man zum **Flatiron Building**, einem der meistfotografierten Gebäude der Stadt, kommt. Seine dreieckige Form und die Beaux-Arts-Architektur hat der Chicagoer Architekt Daniel Burnham entworfen. Danach sollte man sich eine Pause im **Madison Square Park** gönnen – im Mittelpunkt der Anlage steht eine Statue, die an den ehemaligen Außenminister William Henry Seward erinnert. Er kaufte den Russen Alaska für sieben Millionen Dollar ab. Tipp: Am südöstlichen Eck des Parks bei der Hipster-Gourmetburger Kette **Shake Shack** unbedingt einen Burger probieren.

Rechte Spalte: Shake Shack im Madison Square Park verkauft die köstlichsten Burger (oben). Ideal für die Lunchpause: Restaurant Nur (Mitte). 1902 erbaut: Flatiron Building (unten)

Linke Spalte: Gegrillter Oktopus mit Salsa Veracruzana im Edel-Lokal Cosme (oben). Die hippe Rose Bar im Gramercy Park Hotel (unten)

ESSEN UND TRINKEN

FRÜHSTÜCK

Friend of a Farmer
77 Irving Place
friendofafarmer.com
Rustikal-heimeliges Café-Restaurant mit Backsteinwänden und Kamin, das größten Wert auf seine frischen, nachhaltig angebauten Zutaten von den Farmen der Gegend legt. Die Crab Bennie sind ein Gedicht!

LUNCH

Casa Mono
52 Irving Place
casamononyc.com
Intimes Lokal mit südeuropäischem Flair: Mosaikfliesenböden, an den Wänden hängen Sherry- und Weinflaschen, durch die raumhohen Fenster blickt man auf den Irving Place. Und auf den Tisch kommen leckere Tapas und frische Fischgerichte. Beste Plätze? An der Bar.

Eisenberg's Sandwich Shop
174 Fifth Avenue
eisenbergsnyc.com
Old-School-Klassiker: Eisenberg's verkauft den New Yorkern seit 1929 Delikatess-Sandwiches zu fairen Preisen. Jeden Mittag treffen sich hier die Stammgäste an der Theke und plaudern mit den Köchen. Auf der Speisekarte stehen die Klassiker von Pastrami bis BLTs, der Tuna Melt ist der Hit!

DINNER

Cosme
35 East 21st Street
cosmenyc.com
Lebhafte Stimmung, modernes Design: Der weltberühmte Küchenchef Enrique Olvera und sein Team kreieren zeitgenössische, mexikanisch inspirierte Gerichte auf hohem Niveau. Die »Duck Carnitas« sind berühmt! Auch bemerkenswert: die exquisite Auswahl an Mezcal auf der Getränkekarte.

Eleven Madison Park
11 Madison Avenue
elevenmadisonpark.com
Sterneküche im Met-Life-Gebäude: Das elegante Art-déco-Restaurant des Schweizer Spitzenkochs Daniel Humm zählt zu den besten der Welt, allein die Präsentation der Gerichte auf den Tellern ist ein Erlebnis. Serviert wird amerikanische Küche, auf höchstem Niveau innovativ interpretiert.

Feiern, wo früher Nikola Tesla tüftelte: Patent Pending

DRINKS UND AUSGEHEN

Patent Pending
49 West 27th Street
patentpendingnyc.com
Tagsüber Café, abends hippe Bar: Patent Pending liegt in einer geschichtsträchtigen Location, dem Radio Wave Building, wo früher der berühmte Wissenschaftler Nikola Tesla arbeitete. Die Bar mit den dunklen Mauern und den grünen Lederbänken ist der perfekte Ort für einen starken Drink. Oder auch drei. Besonders empfehlenswert: der »Strange Magic« mit Wodka, Erdbeere, Madeira Grapefruit, Zitrone und Prosecco.

Raines Law Room
48 West 17th Street
raineslawroom.com
Einmalige Bar, benannt nach dem Gesetz, das 1896 den Alkoholkonsum der New Yorker dramatisch einschränken sollte. Achtung: Wer hinein möchte, muss klingeln. Dann erwartet einen wunderbares 20er-Jahre-Flair mit schummrigem Licht, bequemen Chesterfield-Sofas und Retrotapete. Jeder Tisch hat eine Kordel, an der man zieht, um beim Personal zu bestellen. Tipp: Am besten vorher reservieren! Und unbedingt einen »Garden Paloma« probieren.

EINKAUFEN

Dover Street Market
160 Lexington Avenue
newyork.doverstreetmarket.com
Übercooler Konzeptstore – Kunst und Mode auf sieben Stockwerken in einem über 100 Jahre alten Gebäude. Alles, was hier verkauft wird, wird von Comme-des-Garçons-Designerin Rei Kawakubo kuratiert: Neben etablierten Marken wie Gucci und Supreme sind die Stücke von Gosha Rubchinskiy besonders begehrt.

Fröhliches Shoppen bei Fishs Eddy

Fishs Eddy
889 Broadway
fishseddy.com
Lieblingsladen für ausgefallene Küchenutensilien von bedruckten Tassen und Gläsern über Geschirrtücher, Teller und Platten bis zu T-Shirts. Wer ein originelles Mitbringsel sucht, ist hier richtig.

KUNST UND KULTUR

Gramercy Theatre
127 E 23rd Street
mercuryeastpresents.com/thegramercytheatre
Es lohnt sich zu checken, wer hier gerade auftritt: Das 1937 eröffnete Gramercy Theatre ist bekannt für seine Retro-Atmosphäre (man sitzt an kleinen runden Tischen) – und natürlich für die Bands, die hier spielen. Von Up-and-Coming über Indie bis zu Chartstürmern.

Theodore Roosevelt Birthplace
28 E 20th Street
nps.gov/thrb/index.htm
Ein bisschen wurde hier getrickst. Denn das Original-Geburtshaus des 26. Präsidenten der Vereinigten Staaten wurde 1916 abgerissen und dann neu nachgebaut.

Theodore »Teddy« Roosevelt, nach dem auch der Teddybär benannt ist, lebte hier, bis er 14 war. In den Räumen stehen teilweise noch die Originalmöbel, außerdem ist das von Kugeln durchlöcherte Hemd zu sehen, das er trug, als er in Milwaukee angeschossen wurde.

SCHLAFEN

Gramercy Park Hotel & Rose Bar
2 Lexington Avenue
gramercyparkhotel.com
Moderner Glanz in einem berühmten Hotelgebäude aus den 20er-Jahren: opulentes Interieur, eine traumhafte Dachterrasse, hier isst und schläft man nicht nur unter Andy-Warhol- und Julian-Schnabel-Originalen, man bekommt auch Zugang zum einzigen und höchst exklusiven Privatpark Manhattans, dem Gramercy Park. Weiteres Highlight: die angesagte Rose Bar mit ihren schweren Samtsesseln, dem Kamin und den Rose Bar Sessions, bei denen schon Axl Rose auftrat. Nach zwei »Notorious Nude«-Cocktails ist man bester Laune! DZ ab ca. 300 $.

Freehand Hotel
23 Lexington Avenue
freehandhotels.com
Cool und für New Yorker Verhältnisse recht günstig: Alle 395 Zimmer (in den verschiedensten Größen und Ausstattungen) sind von den In-Designern Roman and Williams gestaltet und mit Kunstwerken von Studenten des Bard College dekoriert worden. Der Stil: überwiegend Mid-Century-Moderne. Aus den Corner Kings Rooms hat man den besten Blick auf die Stadt. Tipp: Das Restaurant Simon & The Whale im Erdgeschoss ist ein gemütliches Hang-out, die Broken Shaker Bar auf dem Dach hat schon mehrere Preise für ihre kreativen Cocktails gewonnen. Auch die Lage ist recht gut: nur ein paar Blocks nördlich vom Gramercy Park. DZ ab ca. 170 $.

EXTRATIPP

Mad Sq Eats
urbanspacenyc.com/mad-sq-eats/
Schlemmerparadies, nicht nur für Foodies. Zweimal im Jahr, im Frühling und im Herbst, findet auf dem kleinen General Worth Square gegenüber vom Madison Square Park ein exquisiter Lebensmittelmarkt statt. Einige der besten Restaurants der Stadt bauen hier für etwa vier Wochen ihre Stände auf.

Cooles Kreativ-Konzept: das recht neue Freehand Hotel

WEDNESDAY MARTIN

In ihrem gehypten Bestseller *Primaten von der Park Avenue* lieferte die Autorin ein scharfzüngiges, amüsantes Porträt des Geldadels von Manhattan. Im Mittelpunkt des Buchs stehen die zum Teil bizzaren Spielregeln der Millionärsmütter der Upper East Side. Martin ist Anthropologin, studierte in Yale und lehrte sowohl an der Ivy-League-Universität als auch an der New School for Social Research. Außerdem arbeitet die Mutter von vier Kindern als Autorin für die *New York Times*, *Harper's Bazaar* und *Psychology Today*. Ihr neues Werk heißt *Untrue* und räumt mit den gängigen Thesen zu weiblicher Lust, Sexualität und Monogamie auf: provokant, unterhaltsam und lehrreich.

WAS IST DAS SCHÖNSTE VIERTEL VON NEW YORK? ___

___ Ich liebe die makellose, etwas formelle, ruhige Upper East Side westlich von der Lexington. Ich wohne aber auf der West Side, wo es lockerer und freundlicher zugeht. Die sexyeste Gegend ist allerdings Downtown.

WELCHES IST DAS SCHÖNSTE CAFÉ IN IHRER NÄHE ZUM FRÜHSTÜCKEN? ___

___ **Tarallucci e Vino** (475 Columbus, *taralluccievino.net*) serviert köstliche Dinge, und Rita, die Besitzerin, macht den besten Cappuccino der Stadt.

UND WOHIN GEHEN SIE GERNE ZUM LUNCH? ___

___ Ich liebe den Grünkohl-Salat mit Huhn bei **Michael's** (S. 92). Und die Austern.

WELCHES RESTAURANT KÖNNEN SIE UNS FÜRS DINNER EMPFEHLEN? ___

___ Das **Le Bernardin** (S. 93). Es ist ruhig und das Essen perfekt.

IHRE LIEBLINGSBAR FÜR EINEN AFTER-DINNER-DRINK? ___

___ Die Bar im **Leopard at des Artistes** (1 West 67th Street, *theleopardnyc.com*) ist sexy und intim. Ein Kokon, den man nicht verlassen will.

WELCHE ORTE EMPFEHLEN SIE KUNSTFANS? ___

___ Für Romantik und echtes Old-New-York-Feeling ist die **Frick Collection** (1 E 70th Street, *frick.org*) ein Muss. Man fühlt sich dort wie in einem Whit-Stillman-Film.

WELCHE SEHENSWÜRDIGKEITEN IN IHRER GEGEND SOLLTE MAN NICHT VERPASSEN? ___

___ Das **American Museum of Natural History** (S. 10) ist ein großartiger Ort, um einen Nachmittag zu verbringen. Unter dem Wal zu stehen, ist beeindruckend, und das Planetarium rückt die Dinge wirklich in die richtige Perspektive. Auch der **Shakespeare Garden** im Central Park ist etwas ganz Besonderes. Und das **Swedish Cottage Marionette Theater** (*cityparksfoundation.org/swedish-cottage-marionette-theatre/*) muss man gesehen haben!

DAS CHARMANTESTE HOTEL IN IHREM VIERTEL? ___

___ Das neu renovierte **Lowell** (S. 109) ist toll und ein beliebter Ort für Verabredungen.

WO KAUFEN SIE GERNE EIN? ___

___ Wie die meisten New Yorker viel online. Aber ich liebe **Barneys** (S. 107). Beim Thema Interior Design beraten mich Jan und George von **JANGEORGe Design** (*jangeorge.com*) und Natasha Esch von **Monc XIII** (*monc13.com*).

WAS SIND IHRE LIEBSTEN GEHEIMEN PLÄTZE? ___

___ Wenn ich Ihnen die sagen würde, wären sie ja nicht mehr geheim ... Einige unserer Juwelen wie das **Loeb Boathouse Restaurant** (*thecentralparkboathouse.com*) im Central Park sind immer noch ziemlich unbekannt. Wie auch die **Midblocks,** verborgene Arkaden, die in der Mitte zwischen zwei Straßen verlaufen. Erkunden Sie die Midblocks in Manhattan und Sie werden begeistert sein.

HABEN SIE EINEN KINO-TIPP? ___

___ Ja, das **Paris** (*theparistheatre.com*). Unser letztes verbliebenes Single-Screen-Kino. Es ist ein Klassiker und ziemlich glamourös.

WAS SOLLTE MAN IN NEW YORK IMMER KAUFEN? ___

___ Bücher in der Buchhandlung **The Corner Bookstore** (S. 107).

WO IN NEW YORK ENTSPANNEN SIE SICH AM BESTEN? ___

___ Ich verlasse die Stadt und fahre in die Hamptons.

GIBT ES EINEN SPA, DEN SIE EMPFEHLEN KÖNNEN? ___

___ Wir leben in einer Stadt, in der sich alles um das Thema Bequemlichkeit dreht. Echte New Yorker benutzen den Service **Glamsquad** (S. 109).

1—Empire State Building
2—Chrysler Building
3—Bryant Park
4—Sardi's Restaurant

TOUR

7

MIDTOWN & HELL'S KITCHEN

Die Kulisse von Midtown kennt jeder – von Postkarten und aus dem Kino. Denn in der Gegend von der 34th Street in Richtung Norden bis zum Central Park liegen einige der bekanntesten Gebäude der Stadt: das **Empire State Building,** das Rockefeller Center oder das Chrysler Building. Aber auch weltberühmte Kaufhäuser wie Bergdorf Goodman, Luxushotels wie das Peninsula und Museen wie das **MoMA.** Natürlich gehört der Broadway mit seinen legendären Theatern und dem lärmenden Times Square ebenfalls zu den Sehenswürdigkeiten des Viertels wie die Edel-Boutiquen an der Fifth Avenue. In **Hell's Kitchen,** dem westlichen Teil von Midtown, trieb früher die irische Mafia ihr Unwesen, doch von der rauen Vergangenheit ist nicht mehr viel übriggeblieben. Die schmalen Backsteingebäude werden gerade luxussaniert, immer mehr Bars und Restaurants siedeln sich hier an.

SPAZIERGANG: VOM GRAND CENTRAL TERMINAL ÜBER DEN GRELL-KREISCHENDEN TIMES SQUARE ZUM ROCKEFELLER CENTER

Startpunkt ist der riesige **Grand Central Terminal.** Der 1913 fertiggestellte Bahnhof war Schauplatz in zahlreichen Filmhits wie »Der unsichtbare Dritte« oder »König der Fischer«. Den Bahnhof in Richtung 42nd Street verlassen, auf der linken Seite sieht man das von William van Alen entworfene **Chrysler Building,** eine Ikone der Art-déco-Architektur. Nehmen Sie die 42nd Street in Richtung Westen: An der Ecke zur Fifth Avenue stößt man auf die Public Library, die zweitgrößte Bibliothek der USA. Folgt man der Fifth Avenue in Richtung Süden, kommt man zu einem der berühmtesten Gebäude der Welt: dem **Empire State Building** (Ecke 34th Street), stolze 443 Meter hoch. Über vier Millionen Besucher pro Jahr nehmen die Aufzüge zu den Aussichtsplattformen im 86. (unter freiem Himmel) oder 102. Stockwerk (vollständig verglast). Wer auf der 42nd Street in Richtung Westen bleibt, gelangt zum **Bryant Park,** einer kleinen grünen Oase mitten in der Hektik der Stadt. Im Sommer finden hier äußerst beliebte kostenlose Open-Air-Filmvorführungen statt. Kurz Luft holen, bevor man auf den superhektischen Times Square, die langgezogene Kreuzung von Broadway und 7th Avenue mit seinen gigantischen, Tag und Nacht blinkenden Leuchtreklamen stößt. Schnell weiter zum Lunch in **Sardi's Restaurant** (234 W 44th Street), das dem Theaterfanatiker Vincent Sardi und seiner Frau gehörte, ein beliebter Treff von Schauspielern und Kritikern. Dann auf dem Broadway in Richtung Norden, in den Theater District, Epizentrum der Musical- und Theaterbühnen. Auf nur wenigen Häuserblocks haben sich über 40 Bühnen angesiedelt. Auf der 50th Street wieder in Richtung Osten abbiegen, bis man zum Rockefeller Center mit seiner Aussichtsplattform **»Top of the Rock«** (S. 97) gelangt. Nachdem man die berauschende Aussicht genossen hat, läuft man in Richtung Osten zur gigantischen St. Patrick's Cathedral an der 5th Avenue. Bis zu 2400 Menschen haben im Inneren des neogotischen Gotteshauses Platz. Krönender Abschluss unserer Tour: ein Besuch des MoMA, des Museum of Modern Art (S. 96) mit seiner beeindruckenden Fülle an moderner Kunst.

Linke Spalte: New York ist berühmt für seine Wolkenkratzer (oben). Eklektisch & chic: Zimmer im Whitby Hotel (unten)

Rechte Spalte: Gute Unterhaltung garantiert im Feinstein's/54 Below (oben). Nobel speisen im Le Bernardin (Mitte). Megablick: Terrasse des Hotel Kimpton Ink48 (unten)

Frühstückshotspot in Hell's Kitchen: Rustic Table

ESSEN UND TRINKEN

FRÜHSTÜCK

Rustic Table
504 W 42nd Street
rustictablenyc.com
Hübsch designtes Café in Hell's Kitchen, beliebt wegen seiner herzhaften Auswahl an Sandwiches und Eierspeisen. Und wegen seiner Kalorienbombe »Nutella Classica«: ein Croissant, gefüllt mit Erdnussbutter, Nutella und Bananen.

LUNCH

Michael's
24 W 55th Street
michaelsnewyork.com
Die elitäre New Yorker Medienszene trifft sich hier gerne zum Powerlunch oder frühen Dinner. Michael McCarty ist ein äußerst liebenswerter Gastgeber, der einen auch mal persönlich mit Handschlag begrüßt. Die Karte bietet eine kleine feine Auswahl an Pasta und leckeren Fisch- und Fleischgerichten. Tipp: Die frischen Austern sind ein Gedicht.

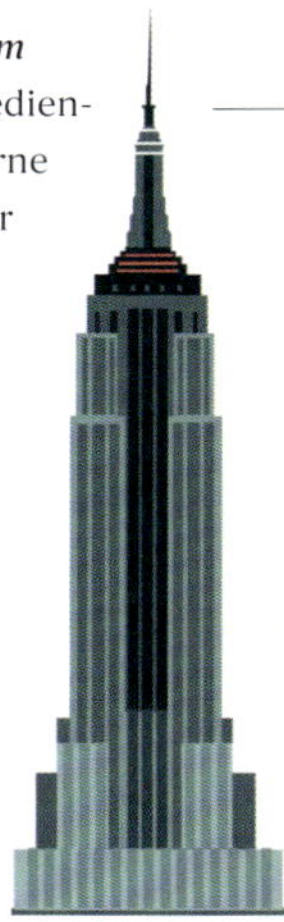

Milos
125 W. 55th Street
milos.ca/restaurants/new-york
Modernes puristisches Restaurant, berühmt für seine erstklassigen Fischgerichte. Zum Mittagessen ist der Tuna Burger der Renner, zum Dinner der gegrillte Oktopus und der Maryland Crab Cake.

Tonchin Ramen
13 W 36th Street
tonchinnewyork.com
Das erste Ramen-Lokal von Toui und Anan Sugeno, den Söhnen des legendären japanischen Kochs Katsuhiro Sugeno, ist cool-minimalistisch designt. Neben den berühmten Suppen stehen auch Bowls und leckere Vorspeisen auf der Karte. Unbedingt einen der Sake-Cocktails versuchen.

DINNER

Barbetta
321 W 46th Street
barbettarestaurant.com
Achtung: Nur in den warmen Monaten zu empfehlen, wenn man draußen essen kann, drinnen ist das Lokal ziemlich überladen. Dafür ist der Garten dieses über 100 Jahre alten Italieners besonders idyllisch. Man sitzt auf antiken

Eisenmöbeln, die um einen kleinen Brunnen herum angeordnet sind. Bäume, Büsche und schummrige Beleuchtung machen die Atmosphäre perfekt. Schmackhaft: das Garnelen-Risotto oder das gebratene Kaninchen.

Bill's Townhouse
57 East 54th Street
billstownhouse.com
Das ehemalige Zuhause von Bill's Gay Nineties, einer Restaurant-Bar, die 1924 eröffnet wurde, um sich der lästigen Prohibition zu widersetzen, und fast 90 Jahre überlebte, bevor sie 2012 geschlossen wurde. Gott sei Dank nicht für immer. Wie das Ur-Bill's versorgt das elegante Townhouse vor allem Fleischliebhaber mit feinsten Gerichten: z. B. mit vorzüglichem Ribeye, Piccata Milanese und Steak Tartare.

Le Bernardin
155 W 51st Street
le-bernardin.com
Mehrfach ausgezeichnetes Sternerestaurant, das sich auf Fischgerichte spezialisiert hat. Der französische Küchenchef Eric Ripert verwöhnt seine Gäste in den hohen eleganten Räumen seit über 25 Jahren, die Gastrokritiker überschlagen sich nach wie vor mit Lob. Tipp: Die Mittagsmenüs in der Lounge sind preiswerter!

DRINKS UND AUSGEHEN

Bar Centrale
334 W 46th Street
barcentralenyc.com
Diskreter In-Place in einem Stadthaus. Vorsicht, schwer zu

Glam-Bar auf dem Dach des Beekman Tower: Ophelia Lounge

INSIDER-TIPP DER CREW

TIPP FÜR DEN BESUCH DES EMPIRE STATE BUILDINGS: ES LOHNT SICH, GANZ FRÜH BEI ÖFFNUNG DORT ZU SEIN. SO HAT MAN DIE AUSSICHTSPLATTFORM NAHEZU FÜR SICH ALLEIN UND ERLEBT EINE MAGISCHE MORGENSTIMMUNG. DIE STADT LIEGT EINEM NOCH GANZ VERSCHLAFEN ZU FÜSSEN, WÄHREND LANGSAM DIE SONNE AUFGEHT UND IMMER HÖHER STEIGT. UND: MAN HAT DIE BESTEN FOTOSPOTS GANZ OHNE KONKURRENZ.

Lena Keilholz
Stewardess

finden. Der Style der Bar? Vintage und sophisticated. Die beste Zeit für einen Besuch? Nach 23 Uhr, wenn die Schauspieler der umliegenden Bühnen ihre Arbeit erledigt haben und einen ordentlichen Drink benötigen.

Feinstein's/54 Below
254 West 54th Street
54below.com
Das elegante Wohlfühl-Restaurant und Cabaret im Keller des ehemaligen Kultclubs Studio 54 gilt als Wohnzimmer des Broadway. Jeden Abend stehen hier Stars wie Alice Ripley oder Ute Lemper in bis zu drei Vorstellungen auf der Bühne. Für die frühe Show Tickets vorbestellen!

Ophelia Lounge
3 Mitchell Place 26th floor
opheliany.com
Angesagter Treffpunkt der hippen jungen Society – eingerichtet im glamourösen Stil der 20er-Jahre, auf dem Dach des Beekman Tower, einem historischen Art-déco-Gebäude. Schon allein der Blick von hier oben über die Stadt ist ein Erlebnis, auch die Drinks werden euphorisch gepriesen.

EINKAUFEN

Bergdorf Goodman
754 5th Avenue
bergdorfgoodman.com
Eine New Yorker Institution, verewigt in diversen Filmen und Büchern (z. B. Plum Sykes' »Bergdorf Blondes«): Old-School-Luxus, perfekter Service, exquisite Designermode von klassisch bis edgy. Unsere Lieblingsetage: die 7. mit stilvollem Interior und Wohnaccessoires, z. B. von Jay Strongwater, Kelly Wearstler oder John Derian. Die Dekoration der Schaufenster zur Weihnachtszeit ist unübertroffen!

Furnish Green
1261 Broadway, Suite 309
furnishgreen.com
Eine herrliche Schatzkammer: von französischen Couchtischen, shabby Kommoden und Truhen über alte Schallplatten bis zu dänischen Garderoben und üppigen Kronleuchtern. Der Vintage-Laden ist stadtbekannt für seine tolle Auswahl zu fairen Preisen.

KUNST UND KULTUR

Howard Greenberg
The Fuller Building
41 East 57th Street
howardgreenberg.com
Die Howard Greenberg Gallery wurde 1981 gegründet und hieß ursprünglich Photofind. Sie war einer der ersten Orte, an denen Fotojournalismus und Straßenfotografie gezeigt wurden. Die Sammlung der Galerie umfasst Bilder von Berenice Abbott, Edward Steichen und Henri Cartier-Bresson.

Luxus-Kaufhaus Bergdorf Goodman

Gute Laune garantiert: die Bar des The Whitby Hotel

Beeindruckend: der Skulpturengarten des MoMA

Seit ihrer Gründung vor über 20 Jahren hat sie eine umfangreiche Sammlung einiger der wichtigsten Fotografien der Welt aufgebaut.

Museum of Modern Art
11 W 53rd Street
moma.org
Allein das Foyer erstreckt sich über einen ganzen Block – das MoMA gilt bei vielen als das beste zeitgenössische Museum der Welt, weil alle Klassiker des 20. Jahrhunderts hier vertreten sind: von Chagall über Dalí bis Gauguin, dazu Meisterwerke wie Vincent van Goghs »Sternennacht« oder Pablo Picassos »Les Demoiselles d'Avignon«. Am besten unter der Woche gleich morgens und nicht während der Ferien kommen, dann ist am wenigsten los. Und auf keinen Fall den »Abby Aldrige Rockefeller Sculpture Garden« verpassen.

MUSICAL-/ THEATERBESUCH

Einen guten Überblick über das aktuelle Programm bieten die *New York Times* freitags und sonntags und das *New York Magazine*. Montags sind fast alle Bühnen geschlossen. Zum Verständnis: Der Unterschied zwischen Broadway-, Off-Broadway- und Off-Off-Broadway-Theatern liegt nicht zwingend in der Location der Bühne, sondern in der Anzahl der Sitzplätze: Broadway: über 500, Off-Broadway über 100, Off-Off-Broadway unter 100.

RELAX

Joanna Vargas Day Spa
501 5th Avenue, Suite 1203
joannavargas.com
Olivia Palermo, Sienna Miller, Karlie Kloss ...

Schauspielerinnen und Models schwören auf die Produkte und Behandlungen von Joanna Vargas. Signature Treatments: das »Triple Crown Facial« (60 Min., ca. 250 $) und die Ganzkörperbehandlung »Double Happiness« (90 Min., ca. 500 $).

SCHLAFEN

Kimpton Ink48
653 11th Avenue
ink48.com
4-Sterne-Boutique-Hotel in einer ehemaligen Druckerei in Hell's Kitchen. Das Haus im Loft-Style punktet mit hervorragendem Service, einer Bar mit atemberaubendem Blick über die Stadt, seinem Farm-to-Table-Restaurant Print und seiner Lage, nur einen Häuserblock vom Hudson River entfernt. DZ ab ca. 220 $.

Zimmer mit Ausblick im Hotel Kimpton Ink48

Whitby Hotel
16 W 56th Street
firmdalehotels.com
Das zweite Hotel der hippen Firmdale-Gruppe in New York. Jedes der 86 Zimmer ist mit einem einzigartigen Muster- und Farbenmix von Kit Kemp gestaltet und hat riesige Fenster. Die Whitby Bar hat sich in kürzester Zeit zum angesagten Treffpunkt entwickelt; weiteres Highlight: das hochmoderne Hauskino mit über 130 Sitzplätzen, Schauplatz des wöchentlichen Filmclubs, wo man zur klassischen Filmvorführung Brunch, Mittagessen oder Afternoon Tea dazubuchen kann. DZ ab ca. 600 $.

EXTRATIPP

Top of the Rock
30 Rockefeller Plaza
topoftherocknyc.com
Die drei Aussichtsplattformen (67., 69., 70. Stock) sind zwar niedriger als die auf dem Empire State Building, dafür muss man aber nie mit superlästigen langen Wartezeiten rechnen. Und hat trotzdem einen Wahnsinnsblick über die Stadt. Täglich 8–24 Uhr, letzter Aufzug um 23.15 Uhr.

INSIDER-TIPP DER CREW

EINFACH TOLL, NICHT NUR FÜR GLÄUBIGE: DER GOTTESDIENST IN DER TIMES SQUARE CHURCH, DER TEILWEISE AUCH UNTER DER WOCHE IN KLEINEREM KREIS, ABER VOR ALLEM SONNTAGS MIT EINER ACHT-MANN-COMBO UND EINEM 80 MANN-CHOR IN EINEM SCHÖNEN ALTEN THEATER STATTFINDET.

Heinz Rothmund
Pilot

TORY BURCH

Sie ist eine der beliebtesten und erfolgreichsten Designerinnen der USA. Seit 2004 entwirft Tory Burch Mode unter ihrem Namen. Nach einem Studium der Kunstgeschichte und mehreren Design-Jobs, unter anderem bei Ralph Lauren und Vera Wang, erfand sie ihren typischen »Preppy«-Style: Kleider, Tops, Hosen und Tuniken, sporty und bohemian geschnitten, dazu ihre berühmten Ballerinas mit der goldenen TT-Schnalle, die sie nach ihrer Mutter »Reva« nannte. Heute ist Tory Burch milliardenschwer, und ihr Label zu einem globalen Unternehmen mit über 200 Boutiquen von New York bis Shanghai gewachsen. Die Unternehmerin gilt selbst als Stilikone. Mit ihren drei Söhnen lebt sie in einem gigantischen, geschmackvoll eingerichteten Apartment im Luxushotel The Pierre am Central Park.

WAS IST IHRE LIEBLINGSGEGEND IN NEW YORK?

Nolita – wir haben dort vor 14 Jahren unseren allerersten Laden in der Elizabeth Street eröffnet. Die Nachbarschaft wird sich für mich immer als etwas Besonderes anfühlen.

WOHIN GEHEN SIE GERNE ZUM LUNCH?

Für mich gibt es kein besseres griechisches Essen als das von **Milos** (S. 92). Sie servieren dort die frischesten Meeresfrüchte der Stadt – die schmecken, als ob sie auf Mykonos zubereitet worden wären. **ABC Kitchen** (35 East 18th Street, *abchome.com/dine/abc-kitchen*) ist auch großartig. Wir bestellen dort immer gerösteten Karotten- oder Grünkohlsalat.

WAS SIND IHRE EMPFEHLUNGEN FÜRS DINNER?

J. G. Melon (S. 106) ist meine erste Wahl, wenn ich mit meinen Söhnen zum Dinner gehe. Wir ordern natürlich Burger – wirklich köstlich. Wenn wir Lust auf Pizza haben, fahren wir nach Brooklyn, zu **Lucali** (575 Henry Street, *lucali.com*). Die Pizzen in diesem Lokal haben einen sehr dünnen Boden, wir teilen uns meistens eine. Man kann dort nicht reservieren, aber es lohnt sich zu warten.

DIE BESTE BAR FÜR EINEN LATE-NIGHT-DRINK?

Meine Küche ... Spaß ... Ich liebe die **Bemelmans Bar** im The Carlyle Hotel (S. 107). Der Live-Jazz und die Wandmalereien sind göttlich. Es ist pures altes New York.

Ein Konzert im Lincoln Center ist ein Stück klassisches New York

UND WAS SIND DIE INTERESSANTESTEN ORTE, UM IN DIE KUNSTWELT EINZUTAUCHEN?

Es gibt so viele außergewöhnliche Museen in New York – das MoMA (S. 96), das Met (S. 108), das **Whitney** (S. 73), die Gagosian Gallery (S. 71). **Salon 94** (12 East 94th Street, *salon94.com*) bietet zum Beispiel interessante zeitgenössische Ausstellungen, die sowohl aufstrebende als auch etablierte Künstler präsentieren. Sie haben mehrere Standorte in der ganzen Stadt; es lohnt sich, sich jeden einzelnen anzuschauen.

WELCHE SEHENSWÜRDIGKEITEN SIND EIN ABSOLUTES MUSS?

Ein Konzert im **Lincoln Center** (*lincolncenter.org*) ist ein Stück klassisches New York. Und natürlich wird der Central Park nie langweilig. Es gibt nichts Besseres als einen langen Spaziergang um den See herum, mit meinem Morgenkaffee. Eine Oase der Stille ...

WAS SOLLTE MAN SONST UNBEDINGT BESICHTIGEN?

The Cloisters (*metmuseum.org/visit/met-cloisters*), eine Zweigstelle des Metropolitan Museum of Art, nördlich von Manhattan. Das Kloster liegt im **Fort Tryon Park,** der eine interessante Geschichte und die unglaublichste Aussicht auf den Hudson River hat. Mittelalterliche Kunst und Architektur werden hier inmitten von wunderschönen, historischen Gärten präsentiert. Man fühlt sich, als wäre man in die Vergangenheit gereist.

WELCHES IST DAS CHARMANTESTE HOTEL, IN DEM MAN IN NEW YORK SCHLAFEN KANN?

Ich empfehle das **The Mark** (S. 109), wenn Freunde zu Besuch kommen; Jacques Grange hat das Hotel unglaublich elegant eingerichtet. Das **Surrey Hotel** (20 East 76th Street, *thesurrey.com*) ist auch großartig. Es verfügt über eine bezaubernde Dachterrasse mit einem Kräutergarten.

HABEN SIE SHOPPINGTIPPS FÜR UNS?

___ Es ist echt schwierig, sich da auf einige wenige zu beschränken ... **Dashwood Books** (S. 35) ist toll – ich könnte dort stundenlang durch die Vintage-Bücher stöbern. **De Vera** (1 Crosby Street, *deveraobjects.com*) verkauft exquisiten antiken Schmuck und Kunstobjekte. Es ist fast unmöglich, den Laden mit leeren Händen zu verlassen ... Und weil ich immer auf der Suche nach frischen Blumen bin, liebe ich **Dutch Flower Line** (150 West 28th Street, *dutchflowerline.com*). Die haben eine sehr große Auswahl.

VERRATEN SIE UNS EIN VERSTECKTES JUWEL DER STADT? ___

___ Das **Bohemian** (S. 34), ein winziges japanisches Restaurant, abseits der ausgetretenen Pfade. Es hat kein Schild und versteckt sich hinter einem Metzger in der Great Jones Street. Das Sashimi ist toll!

GIBT ES EIN KINO, DAS SIE EMPFEHLEN KÖNNEN? ___

___ Das **Angelika** (18 W. Houston Street, *angelikafilmcenter.com*), ein New Yorker Wahrzeichen, das Independent-Filme spielt. Außerdem gibt es Makronen am Imbissstand.

WAS SOLLTE MAN IN NEW YORK IMMER KAUFEN? ___

___ Eine Pretzel von einem Straßenstand. Es gibt wirklich nichts Besseres.

WO IN NEW YORK ENTSPANNEN SIE SICH AM LIEBSTEN? ___

___ In der heißen Badewanne. In meinem Badezimmer.

HABEN SIE EINEN SPA-TIPP? ___

___ Der **Shibui Spa** (S. 25) im Greenwich Hotel ist ziemlich dekadent, sodass meine Besuche dort spärlich ausfallen, aber wenn, genieße ich sie sehr. Alle paar Monate bekomme ich eine Gesichtsbehandlung bei **Georgia Louise** (S. 109) oder **Tracie Martyn** (101 5th Avenue, *traciemartyn.com*). Die LED-Behandlungen sind großartig.

BESCHREIBEN SIE DIE ATMOSPHÄRE DER STADT! ___

___ Chaotisch und kreativ auf beste Art und Weise.

Der Flagship Store auf der Madison Avenue

1—Grand Army Plaza
2—Plaza Hotel
3—Jewish Museum
4—The Frick Collection
5—Bethesda Terrace
6—Strawberry Fields
7—Dakota Building
8—American Museum of Natural History
Ikonisches Gebäude, von Frank Lloyd Wright entworfen: das Guggenheim Museum
5TH AVE
COLUMBUS AVE
UPPER WEST SIDE
CENTRAL PARK
2ND AVE
FDR DRIVE
1ST AVENUE
PARK AVE
EAST 86TH ST.
CARL SCHURZ PARK
UPPER EAST SIDE
E 79TH ST.
Perfekt für die morgendliche Joggingtour durch den Central Park gelegen: The Mark
TORY BURCH
Eine der meistfotografierten Brücken der Stadt: die Gapstow Bridge
E 65TH ST.
Lieblingsadresse der Society-Damen: der Tory Burch Flagship Store
E 59TH ST.

TOUR

8

UPPER EAST SIDE, UPPER WEST SIDE & CENTRAL PARK

Die Upper East Side: Epizentrum des Preppy Style, der Privatschulen und Prunkpaläste – einer der reichsten Stadtteile von New York. Hier residiert das »Old Money«, hauptsächlich rund um die Park Avenue. Natürlich haben sich auch viele Designer-Boutiquen an der **Ostseite des Central Parks** angesiedelt. Weiteres Highlight: die berühmte »Museum Mile« zwischen 82 East und 105th East, an der neun Museen, unter anderem das **Solomon R. Guggenheim Museum** und das Metropolitan Museum of Art liegen. Auf der Upper West Side, ehemalige Zuflucht der Intellektuellen, mit ihren gepflegten Brownstone-Häusern und baumgesäumten Straßen, geht es etwas lockerer zu.

SPAZIERGANG: VON DEN NOBEL-BOUTIQUEN DER MADISON AVENUE ZU JOHN LENNONS GEDENKSTÄTTE

Startpunkt ist an der **Grand Army Plaza,** wo der Pulitzer Memorial Fountain steht, der den berühmten Journalisten Joseph Pulitzer ehrt. Gleich dahinter liegt das berühmte Hotel **Plaza.** Auf der 5th Avenue weiter nach Norden, vorbei am Apartmenthaus 810 Avenue. Hier residierten einst Nelson Rockefeller und Richard Nixon. An der 65th Street nach rechts auf die Madison, vorbei an eleganten Boutiquen wie Tom Ford (Nr. 672), J. Crew (Nr. 1035) und Tory Burch (Nr. 797, S. 108). Lunch Break im Via Quadronno (25 E 73rd Street), das schmackhafte Pannini serviert. Gleich um die Ecke, in einem schicken Townhouse, hat einer der extravagantesten Clubs der Stadt sein Domizil: der Explorers Club (46 E 70th Street), 1904 gegründet, Treffpunkt von Abenteurern und Forschern aus der ganzen Welt, die z. B. am Südpol, auf dem Mount Everest oder dem Mond waren. Hier kann man wertvolle Artefakte von legendären Expeditionen bewundern. Zutritt haben eigentlich nur Mitglieder, bei öffentlichen Vorträgen werden Ausnahmen gemacht. Unbedingt die Website checken. Wer Lust hat, sich jetzt ins Kulturgetümmel zu stürzen: Im Umkreis von zwei Kilometern befinden sich einige der wichtigsten Museen der USA: das **Metropolitan Museum of Art** (S. 108), das **Jewish Museum** (1109 5th Avenue/92nd Street) oder die **Frick Collection** (E 70th Street/Fifth Avenue). Durchquert man auf dieser Höhe den Central Park, vorbei an zwei Herzstücken des Parks, der **Bethesda Terrace** und dem **Bethesda Fountain,** stößt man auf der Westseite auf das **Dakota Building** (1 W 72nd Street). Es erlangte traurige Berühmtheit, als vor seiner Tür am 8. Dezember 1980 John Lennon erschossen wurde. ihm zu Ehren wurde im Central Park auf Höhe der 72th Street ein ca. 10 000 Quadratmeter großes Stück »**Strawberry Fields**« benannt: ein Garten in Form einer Träne, in der Mitte ein Mosaik mit dem Wort »Imagine«. Ein Stückchen weiter nördlich liegt das **American Museum of Natural History** (S. 10), eine der ersten Adressen für Naturkunde-Fans aus aller Welt. Frühes After-Sightseeing-Dinner? Dann schnell zu Tessa (S. 107), einem rustikal-schick designten Italiener.

Rechte Spalte: Blick auf den Central Park (oben). Neue Galerie: Klimts Bildnis der Adele Bloch-Bauer (Mitte). Im Dakota Building lebte einst John Lennon (unten)

Linke Spalte: Pilgerstätte der Beatles-Fans: die Strawberry Fields im Central Park (oben). Fassade des fabelhaften Hotels The Mark (unten)

Tipp für Schleckermäuler: Serendipity III

ESSEN UND TRINKEN

FRÜHSTÜCK

Sant Ambroeus
1000 Madison Avenue
santambroeus.com
Traditionsreicher In-Italiener, beliebter Treffpunkt der Upper Class und des Mode-Jetsets während der Fashion Weeks. Der Cappuccino ist erstklassig, wer das Omelette della Casa bestellt, ist garantiert bis zum Nachmittag satt.

LUNCH

Antonucci Cafe
170 East 81st Street
antonuccicafe81.com
Familiäres, sehr persönlich geführtes italienisches Restaurant auf der Upper East Side. Die kunstgeschmückten Wände sind pink bemalt, die Pastagerichte durchweg zu empfehlen. Viele Stammgäste!

Redfarm
2170 Broadway
redfarm.com
Moderne chinesische Küche auf der Upper West Side. Hier kommen köstliche Dim Sums zu fairen Preisen auf den Tisch, die Atmosphäre ist lebhaft. Unbedingt probieren: die »Pac Man« Shrimp Dumplings und Katz's Pastrami Egg Roll. Da man nicht reservieren kann, muss man leider manchmal warten.

Serendipity III
225 East 60th Street
serendipity3.com
Das Paradies für alle, die Süßes lieben. Leicht verkitschtes Café, unter anderem Schauplatz der romantischen Filmkomödie »Serendipity«. Es ist auch wegen seiner »Frozen Hot Chocolate« populär. Schlemmer-Alarm: Die Portionen sind gigantisch und auch vom hungrigsten Schleckermaul nicht zu bewältigen.

DINNER

J. G. Melon
1291 Third Avenue
jgmelon-nyc.com
Eine echte Institution an der Upper East Side, berühmt für seine besonders saftigen Burger zu sehr vernünftigen Preisen. Früher hat Richard McDermott, der Vater von Hollywoodstar Dylan McDermott, hier als Barkeeper gearbeitet. Achtung: Man kann nur mit Bargeld bezahlen!

Tessa
349 Amsterdam Avenue
tessanyc.com
Italiener im Industrial-Design, cool und trotzdem gemütlich. Das Lokal mit seinen Backsteinwänden, Holztischen und -böden füllt sich jeden Abend zügig, vor allem mit Gästen aus der Upper-West-Side-Nachbarschaft. Wer gerne Fleisch isst, sollte sich zur Vorspeise das Salumi Board gönnen und als Hauptgericht das NY Strip.

DRINKS UND AUSGEHEN

Bemelsmans Bar at the Carlyle
35 East 76th Street
rosewoodhotels.com/en/the-carlyle-new-york/dining
Klassische Bar im glamourösen Hotel The Carlyle, benannt nach dem Schriftsteller Ludwig Bemelman, von dem auch die hübschen Wandmalereien stammen. Als Honorar durfte er dafür mit seiner Familie umsonst im Haus wohnen. Serviert werden ordentliche Old-School-Cocktails wie der Gin-Gin Mule oder Whiskey Smash. Wer einen Drink zu viel erwischt hat: Die Zimmer im The Carlyle sind ein wunderbarer Mix aus chic und altmodisch.

Seamstress
339 East 75 Street
Hier stehen 50 klassische amerikanische Drinks auf der Karte. Unsere Favoriten: El Diablo aus Tequila Creme de Cassis und Whiskey Sour. Während der Happy Hour (17–19 Uhr) gibt es Austern für einen Dollar.

Feine Adresse: Bemelsmans Bar

EINKAUFEN

Barneys
660 Madison Avenue
barneys.com
Renommierter High-End-Departmentstore, beliebt bei New Yorkern und Touristen. Das 1923 eigentlich als Herrenausstatter gegründete Kaufhaus wird von Fashionfans für seine Auswahl an exklusiver Designermode, Kosmetik und Accessoires sehr geschätzt. Und für seinen Salon der It-Hair-Stylistin Sally Hershberger, zu deren Klienten unter anderem Meg Ryan zählt.

The Corner Bookstore
1313 Madison Avenue
cornerbookstorenyc.com
Äußerst beliebte, unabhängige kleine Buchhandlung, angeblich diente sie als Inspiration für die Film-Romanze »Email für Dich«. Das Personal ist äußerst freundlich und weiß für jedes Genre passende Empfehlungen. Auch die Kinderbuchabteilung ist außerordentlich gut sortiert.

Creel and Gow
131 East 70th Street
creelandgow.com
Ein echtes Kuriositäten-Kabinett: Zum Verkauf stehen ausgefallene Objekte aus aller Welt, darunter Fossilien, mit Silber überzogene Muscheln,

Keramik, Antiquitäten, Schmuck und Kunstobjekte. Der Laden befindet sich in den ehemaligen Stallungen eines Townhouses auf der Upper East Side.

Tory Burch
797 Madison Avenue
toryburch.com
Der Store der Designerin in einem Stadthaus aus dem 19. Jahrhundert ist hochelegant bis ins kleinste Detail. Das fünfstöckige Gebäude beherbergt alles, was das Label zu bieten hat. Der erste Stock ist den Accessoires gewidmet, wer die Treppe weiter hochsteigt, vorbei an glamourösen Schwarz-Weiß-Fotografien der 50er-Jahre, kann in einer riesigen Auswahl an Tory-Kleidern, Tuniken, Röcken und Schuhen stöbern.

KUNST UND KULTUR

Cooper-Hewitt National Design Museum
2 East 91st Street
cooperhewitt.org
Erste Adresse für Designfans: In einem prächtigen Neo-Renaissance-Palast, der von Andrew Carnegie 1901 erbaut wurde, ist eine unglaubliche Sammlung von über 210 000 historischen und zeitgenössischen Stücken untergebracht. Eines der Highlights: der interaktive »Immersion Room« mit virtuellen Tapeten und Wandbemalungen aus den letzten 250 Jahren.

Metropolitan Museum of Art
1000 5th Avenue/82nd Street
metmuseum.org
Eines der wichtigsten kunsthistorischen Museen der Welt mit fast drei Millionen Exponaten, 1870 gegründet und 1872 eröffnet. Was muss man unbedingt sehen? Natürlich die Monets, Degas und van Goghs, den ägyptischen Tempel von Dendur und das beeindruckende Riesengemälde »Washington crossing the Delaware« von Emanuel Luetze. Heimliches Highlight des Met: das Rooftop Garden Café and Martini Bar auf dem Dach des Hauses. Von Mai bis Oktober genießt man hier bei Kaffee oder Cocktails einen sensationellen Blick über den Central Park, Midtown und die Upper East Side. Tipp: Im Ticketpreis inbegriffen ist der Eintritt für die Dependance Met Breuer (*metmuseum.org/visit/met-breuer*, 945 Madison Avenue) im ehemaligen Gebäude des Whitney Museums, erbaut von Marcel Breuer; hier stehen ausgesuchte zeitgenössische Ausstellungen auf dem Programm.

Neue Galerie
1048 5th Avenue
neuegalerie.org
Ronald S. Lauder gründete das Museum, das der österreichischen und deutschen Kunst gewidmet ist, zu Ehren des in Wien gebürtigen Kunsthändlers Serge Sabarsky. Es liegt in einem klassizistischen Stadtpalast und beherbergt unter anderem Werke von Kokoschka, Kandinsky und Schiele. Schlagzeilen machte die Neue Galerie, als sie 2006 Gustav Klimts Bild »Die Frau in Gold« für 135 Millionen Dollar kaufte. Unbedingt im hauseigenen Café Sabarsky eine Esterhazyschnitte und eine heiße Schokolade bestellen.

KLEINE PAUSE

Conservatory Garden
Beim Museo del Barrio den Eingang in den Central Park nehmen, durchs Vanderbilt Gate, auf der Höhe der 102th Street, gelangt man in den

Metropolitan Museum of Art

malerischen Conservatory Garden mit seinen elegant gestalteten Grünanlagen im italienischen, englischen und französischen Stil. Er wurde 1936 angelegt und ist täglich ab 8 Uhr geöffnet.

RELAX

Glamsquad
glamsquad.com
Für die Supergestressten: Mobiler Beautyservice, den man nach Hause beziehungsweise ins Hotelzimmer bestellen kann und der eine umfangreiche Palette von Haar-, Make-up-, Mani- und Pediküre-behandlungen im Angebot hat. Sein Einsatzgebiet umfasst natürlich ganz New York.

The Georgia Louise Atelier
114 East 71st Street
georgialouise.com
Die Britin, zu deren Klientel Cate Blanchett und Sandra Bullock gehören, ist die Erfinderin der »Lift and Sculpt«-Methode. Ihre nicht-invasiven Gesichtsbehandlungen wirken wahre Wunder: Wangenknochen und Augenbrauen sehen nach einem Treatment aus, als ob sie leicht angehoben worden wären, feine Linien und Falten verschwinden (fast), alles ohne Botox oder Filler. Das Team ist hervorragend geschult, für einen Termin bei Louise Georgia persönlich gibt es lange Wartelisten.

The Mark

SCHLAFEN

The Lowell
28 East 63rd Street.
lowellhotel.com
Elegant-diskretes 5-Sterne-Boutique-Hotel mit nur 74 Zimmern im Herzen der Upper East Side. Das Haus ist für seinen einzigartigen Service bekannt – »geht nicht« gibt es hier nicht. Klatsch zum Mitreden: Madonna wohnte hier für neun Monate, als sie sich von Sean Penn getrennt hatte. DZ ab ca. 700 $.

The Mark
25 East 77th Street
themarkhotel.com
Upper-East-Side-Flair vom Allerfeinsten: Wer die diskrete Lobby mit dem schwarz-weißen Marmorboden betritt, befindet sich sofort in bester Gesellschaft. Eingerichtet wurde das avantgardistisch-elegante Hotel, das nur eine Querstraße vom Central Park entfernt liegt, von einem der begehrtesten Interior-Designer der Welt, Jacques Grange. Und in der Küche des hauseigenen Restaurants steht ein weiterer Superstar – der französische Über-Koch Jean-Georges Vongerichten. Die Zimmer? Eklektisch-chic und für New Yorker Verhältnisse wirklich sehr geräumig. DZ ab ca. 700 $.

PATRICK PARRISH

Seine Galerie in Tribeca ist außergewöhnlich kuratiert: einzigartige Vintage-Kunst- und Möbelstücke, zum Beispiel von Carl Auböck, neben Design des 21. Jahrhunderts. Die *New York Times* feiert ihn als einen »der besten Händler der Welt für zeitgenössisches Design«. Und Patrick Parrishs Blog und Instagram-Feed Mondoblogo ist einer der beliebtesten der Branche. Stücke aus Patricks umfangreicher Sammlung wurden an das Brooklyn Museum, das Dallas Museum of Art und das Museum of Modern Art in New York verkauft. Er ist Kurator, Sammler, Maler und Schriftsteller. In seinem Buch *The Hunt: Navigating the Worlds of Art and Design* (powerHouse Books) gibt Patrick Parrish Ratschläge, wie und wo man Kunst und tolle Designstücke kaufen kann – vom Flohmarkt über internationale Galerien bis zu den besten Auktionshäusern. Dazu erzählt er wunderbare Geschichten und Klatsch aus der Kunstwelt. Ein Abstecher in seine Galerie ist ein absolutes Muss (S. 24, *patrickparrish.com*).

WAS IST IHR LIEBLINGSVIERTEL, UND WARUM IST ES SO BESONDERS?

Meine Familie und ich sind gerade nach 20 Jahren in Manhattan nach Clinton Hill in Brooklyn gezogen. Ich liebe die Gegend, die Architektur und vor allem die Tatsache, dass mein kleiner Sohn jetzt sein eigenes Zimmer hat!

WELCHES SIND DIE BESTEN ORTE IN IHRER NÄHE, UM ZU FRÜHSTÜCKEN?

Otway (930 Fulton Street, *otwaynyc.com*) hat guten Kaffee und leckeres Gebäck.

UND WELCHE FÜRS LUNCH?

Ich mag das **Sisters** (S. 118) wegen der Burger. Wenn ich etwas Feines zum Mitnehmen möchte, gehe ich zu **Gordon Savory** (995A Fulton Street, *gordonsavory.com*).

IHRE TIPPS FÜRS DINNER?

Einige der besten Abendessen in letzter Zeit habe ich bei **Mekelburg's** (293 Grand Avenue, *mekelsburgs.com*) bekommen. Es ist super-duper casual und befindet sich im Keller eines Wohnhauses (gucken Sie nach roten Fahnen, sonst finden Sie es vielleicht nicht!). Genauso lecker, aber ein bisschen schicker ist es im **Mettā** (S. 119), einen kurzen Spaziergang von uns, in Fort Green. Der Koch, Norberto Piattoni, ist ein Schüler von Francis Mallmann. Sie sollten sich an die Bar setzen und ihm zusehen, wie er auf dem offenen Feuer kocht.

HABEN SIE EINE LIEBLINGSBAR?

Ich bin kein Cocktailtrinker, aber ich kann das **Hops Hill** (886 Fulton Street, *hops-hill.com*) für ein spätes Bier und ein hausgemachtes Reuben-Sandwich empfehlen!

WAS SIND DIE BESTEN ORTE, UM KUNST ZU ERLEBEN?

Da wir gerade in Brooklyn sind ... Das **Brooklyn Museum** (S. 121) ist eines der besten und manchmal übersehenen Museen in den USA. Besichtigen Sie das Speichergewölbe im Decorative-Arts-Flügel, immer wieder inspirierend. Ich muss unsere Schwestergalerie in Bushwick, **Fisher Parrish** (S. 121) erwähnen, die junge und aufstrebende Künstler zeigt – sie ist eine Reise wert. Außerdem ist Bushwick voll von großartigen Galerien, die nah beieinanderliegen.

WELCHE SEHENSWÜRDIGKEITEN IN IHRER NÄHE SOLLTE MAN NICHT VERPASSEN?

Der Prospect Park oder der **Fort Green Park** sind ein Muss und beeindrucken durch eine erstaunliche Landschaftsgestaltung und Architektur. Am besten hingehen, wenn der wöchentliche Bauernmarkt stattfindet. Der Brooklyn Bridge Park ist fantastisch für Familien. Er umfasst mehrere Piers mit allen möglichen Outdoor-Aktivitäten und Restaurants.

WELCHES IST DAS CHARMANTESTE HOTEL IN IHRER NÄHE?

1 Hotel Brooklyn Bridge (S. 121) an der Uferpromenade wäre wahrscheinlich meine Wahl für einen Urlaub zu Hause. Es hat einen fantastischen Blick auf die Skyline von Manhattan und ist geschmackvoll eingerichtet.

IHRE SHOPPINGTIPPS?

Wir haben einen Freund, der gerade ein Café/Galerie namens **Relationships** (920 Fulton Street, *relationshipsnyc.com*) eröffnet hat. Meine Frau Alex kauft gerne Kleider bei **Jill Lindsey** (S. 120) ein. **Primary Essentials** (S. 120) ist gut für Möbel und Interior. Die Leute von **Holler & Squall** (119 Atlantic Avenue, *hollerandsquall.com*) haben ein tolles Auge für Vintage. Und ich stöbere immer gerne in den Kunst- und Designbüchern von **Unnameable** (600 Vanderbilt Avenue, *unnameablebooks.blogspot.com*).

KÖNNEN SIE UNS IHRE LIEBLINGSPLÄTZE IN NEW YORK VERRATEN?

Walter De Marias **Earth Room** (S. 36) in SoHo und das neue Swiss Institute im East Village sind echte Geheimtipps.

Immer wieder imposant, egal, wie oft man sie schon gesehen hat: die Skyline von Manhattan

Spektakulär: Cocktails trinken mit Blick
über den East River auf Manhattan
in der Ides Bar des stylischen Whyte Hotel

Von John A. Roebling konstruiert, am 24. Mai 1883 eröffnet: die Brooklyn Bridge
Dustin Yellins Kunst- und Kulturzentrum Pioneer Works wird weltweit gehypt
Beeindruckende und unbedingt sehenswerte Sammlung in einem neo-klassizistischen Gebäude: Brooklyn Museum
Altmodischer Vergnügungspark: Coney Island
1—Brooklyn Bridge Park
2—Marlow & Sons
3—Bar Beau
4—Amarcord Vintage
1
2
3
4
GREENPOINT
WILLIAMSBURG
BROOKLYN HEIGHTS
FLUSHING AVENUE
BUSHWICK
BEDFORD-STUYVESANT
RED HOOK
GOWANUS
CROWN HEIGHTS
PROSPECT PARK
BROOKLYN
SUNSET PARK
FLATBUSH
BELT PKWY
BOROUGH PARK
OCEAN PKWY
BAY RIDGE
DYKER HEIGHTS
MIDWOOD
BENSONHURST
FORT HAMILTON
MARINE PARK
GRAVESEND BAY
BELT PKWY
SHEEPSHEAD BAY
GRAVESEND
GERRITSEN BEACH
BELT PKWY
BRIGHTON BEACH
MANHATTAN BEACH

TOUR

9

BROOKLYN

Brooklyn mit seinen 2,6 Millionen Einwohnern ist einer der fünf Boroughs von New York – und nach Manhattan wohl der beliebteste. Die 1883 fertiggestellte Brooklyn Bridge wurde einst gerne als achtes Weltwunder bezeichnet. Heute ist sie eines der **Wahrzeichen** von New York. Zu Fuß benötigt man etwa 45 Minuten, um von Manhattan auf die andere Seite zu gelangen. Während die Bewohner Manhattans früher nur nach Brooklyn kamen, um sich am Strand von **Coney Island** zu vergnügen, ist Brooklyn heute mit In-Vierteln wie **Williamsburg,** Dumbo (Abkürzung für Down under the Manhattan Bridge Overpass), Clinton Hill und der Halbinsel **Red Hook** Lieblingsort der kreativen Szene, eine der hippsten, wenn nicht die hippste Gegend von New York.

DURCH BROOKLYN AN EINEM TAG: BUMMELN UND SCHLEMMEN IN WILLIAMSBURG, STREETART IN BUSHWICK, GROSSE KUNST IN RED HOOK

Die South Brooklyn Ferry vom Pier 11 ab Wall Street nach Dumbo nehmen, vom **Brooklyn Bridge Park** am Fuß der Brücke aus hat man einen Wahnsinnsblick auf die Skyline von Manhattan. Toll für Kids: Mitten im Park liegt das hübsch verzierte historische Jane's Carousel aus dem Jahr 1922. Auf der Suche nach dem spektakulärsten Foto? Das schießt man am besten an der Main/Ecke Water Street: Die Aussicht von hier durch die Straßenschlucht auf einen riesigen Pfeiler der Manhattan Bridge ist spektakulär! Weiter ins It-Viertel von New York – nach **Williamsburg,** am schönsten ist die Anreise natürlich per Fähre. Hier werden die Trends geboren, die in kürzester Zeit die Welt erobern. Unzählige angesagte Restaurants, Bars und Clubs befinden sich in den Straßen des Viertels. Lunchpause bei **Marlow & Sons** (81 Broadway). Tipp: Das Egg Sandwich oder den Cabbage Pancake bestellen! Danach auf einen starken Cappuccino in die coole **Bar Beau** (61 Withers Street). Wer Lust auf Shoppen hat – schnell auf die Bedford Avenue, hier und in den kleinen Seitenstraßen rundherum findet man außergewöhnliche Läden wie Catbird (219 Bedford Avenue), **Amarcord Vintage** (223 Bedford Avenue, S. 120) oder Earwax (218 Bedford Avenue), Williamsburgs ältesten Plattenladen. Danach ein Eis bei Van Leeuwen (204 Whyte Avenue). Wer sich für Streetart interessiert, darf auf keinen Fall **Bushwick** auslassen. Joe Ficalora, der das Bushwick Collective gegründet hat, hat dafür gesorgt, dass hier die Werke der weltbesten Künstler zu sehen sind – die meisten rund um die **Flushing Avenue.** Zum Abschluss nach Red Hook mit seinen ehemaligen, zum Teil denkmalgeschützten Industriebauten und Lagerhallen. Das Viertel mit dem etwas rauen Seefahrer-Charme zieht Kreative und Künstler magisch an. Absolutes Highlight: das Kulturzentrum **Pioneer Works** (159 Pioneer Street, S. 121) von Superstar Dustin Yellin.

Linke Spalte: Die Brooklyn Bridge, eines der Wahrzeichen der Stadt (oben). Die Tageskarte im Restaurant Marlow & Sons (Mitte). Party bei Pioneer Works (unten)

Rechte Spalte: Für das Cookie-Sandwich bei Van Leeuwen reisen Fans auch gerne aus Manhattan an (oben). Ausstellung im Kunst- und Kulturzentrum Pioneer Works (unten)

ESSEN UND TRINKEN

Im Cecconi's Dumbo isst Olivia Palermo oft mittags

FRÜHSTÜCK

Sunday in Brooklyn
348 Wythe Avenue
sundayinbrooklyn.com
All-Day-Hotspot in Williamsburg. Für die berühmten fluffigen Malted Pancakes mit brauner Butter und Ahornsirup-Haselnuss-Topping nimmt die stetig wachsende Fangemeinde auch schon mal längere Anfahrtswege in Kauf.

Five Leaves
18 Bedford Avenue
fiveleavesny.com
Erfunden wurde das Lokal an der Grenze zwischen Greenpoint und Williamsburg von Schauspieler Heath Ledger, heute ist es ein beliebter Treffpunkt der Artsy People. Besonders lecker: Ricotta Pancakes mit Ahornsirup und der Five Leaves Burger mit Spiegelei und gebratener Ananas. Achtung: Man kann nicht reservieren, wenn man Pech hat, muss man am Wochenende ziemlich lange auf einen Platz warten. Aber es lohnt sich.

LUNCH

Cecconi's Dumbo
55 Water Street
cecconisdumbo.com
Hier stimmt einfach alles: die cool-elegante Einrichtung, der zuvorkommende Service, die erstklassigen italienischen Gerichte – und als Bonus genießt man auch noch eine traumhafte Aussicht auf die Skyline von Manhattan. Tipp: vorher reservieren!

Sisters
900 Fulton Street
sistersbklyn.com
Modern designtes Restaurant in Clinton Hill, für die Salate und Sandwiches werden ausschließlich lokale Produkte verwendet. Beste Plätze? Die an der riesigen geschwungenen marmornen Bar. Auch eine gute Dinner-Wahl, zu späterer Stunde legt ein DJ auf.

DINNER

Mettā
197 Adelphi Street
mettabk.com
Das gemütliche Restaurant in Clinton Hill tischt leckere Gerichte, die je nach Saison wechseln und über dem offenen Feuer zubereitet werden, auf. Hier hat man sich der Nachhaltigkeit verschrieben. Der Strom kommt zu 100 Prozent aus erneuerbaren Quellen, Zutaten werden von Farmern aus der Region gekauft und einiges davon fermentiert, Abfall wird vermieden.

Roberta's Pizza
261 Moore Street
robertaspizza.com
Die angeblich beste Pizza der Stadt kommt in einer ehemaligen Garage in Bushwick aus dem Ofen. Die Atmosphäre: rustikaler Hipster-Style, eher urban und punkig als nostalgisch-italienisch. Klassiker neben der Pizza Margherita: die scharfe Variante »El Supremo«. Tipp: Zum Lunch kommen, beim Dinner, vor allem am Wochenende, stehen oft lange Schlangen an.

Salt + Charcoal
171 Grand Street
saltandcharcoal.com
Der In-Japaner in Williamsburg serviert nicht nur hervorragende Sushi, Tempura und Sashimi (unbedingt Thunfisch-Sashimi probieren!), sondern ist auch für seine Robatayaki-Gerichte bekannt: Bei der jahrhundertealten traditionellen Kochmethode wird das Fleisch bei bis zu 1000 Grad langsam auf dem Grill gegart. Besonders nett sind die Plätze an der Bar.

The Good Fork
391 Van Brunt Street
goodfork.com
Comfort-Food und warme Atmosphäre dank Ziegelsteinwänden und Holzmöbeln, die Besitzer Sohui Kim und Benjamin Schneider kümmern sich sehr aufmerksam um ihre Gäste. Auf der Karte des Restaurants in Red Hook findet wirklich jeder etwas. Dauerbrenner bei den Stammgästen: Steak and Egg Korean Style.

DRINKS UND AUSGEHEN

House of Yes
2 Wyckoff Avenue
houseofyes.org
Alles ist erlaubt in Bushwicks wildem Mix aus Nightclub, Zirkus und Kreativ-Center. An manchen Abenden treten hier Artisten am Trapez, Seiltänzer oder Feuerschlucker auf, an anderen werden politische Diskussionen veranstaltet. Oder die verrücktesten Kostümpartys, bei denen bis zum Morgengrauen getanzt wird.

Sunny's Bar
253 Conover Street
sunnysredhook.com
Wunderbare Dive Bar, die unter verschiedenen Namen

Gute Stimmung garantiert: House of Yes

schon über 120 Jahre existiert: Antonio »Sunny« Balzonos Kneipe ist weit über die Grenzen von Red Hook bekannt. Samstags bei den Live-Bluegrass and Country-Jam-Sessions bekommt man nur schwer einen Sitzplatz.

EINKAUFEN

Amarcord Vintage
223 Bedford Avenue
amarcordvintagefashion.com
Exklusiver Second-Hand-Laden, der sich vor allem auf italienische Mode spezialisiert hat. Die beiden Inhaber Patti Bordoni und Marco Liotta finden ihre Schätze überall auf der Welt. Wer auf der Suche nach besonderen Stücken von Gucci, Fendi, Valentino oder Missoni ist, wird hier garantiert fündig.

Erie Basin
388 Van Brunt Street
eriebasin.com
Ein verstecktes Juwel, das auch viel Publikum aus Manhattan nach Red Hook lockt. Tolle Adresse für jeden, der antiken und Vintage-Schmuck liebt. Außerdem verkauft Besitzer Russell Whitmore eine exquisite Auswahl an Möbeln und Kunstobjekten aus dem 18. bis 20. Jahrhundert. Achtung: Öffnungszeiten variieren, vorher auf der Website checken!

Auswahl bei Van Leeuwen

Schatzkammer in Red Hook: Erie Basin

Jill Lindsey
370 Myrtle Avenue
jilllindsey.com
Zauberhafte Boutique in Clinton Hill, die sowohl Stücke von Designern aus Brooklyn als auch internationale Labels führt. Besonders begehrt neben den Boho-Kleidern: die Body Washs der hauseigenen Beautylinie und die Duftkerzen von Burnin' for you. Außerdem finden jede Woche alle möglichen Events und Workshops im Laden statt.

The Primary Essentials
372 Atlantic Avenue
theprimaryessentials.com
Wer seine Wohnung mit ein paar schicken Accessoires upgraden will oder auf der Suche nach einem fancy Präsent ist, wird hier garantiert sein Geld los. Von eleganten Vasen über

Kissen, Kerzen und Keramik bis zu ausgefallenen Seifen und Schmuck – der Shop bietet ein außerordentlich gutes Angebot für Fans von cleanem Design.

KUNST UND KULTUR

Brooklyn Museum
200 Eastern Parkway
brooklynmuseum.org
Die siebtgrößte Kunstsammlung der USA – etwa 15 Millionen Objekte sind dauerhaft ausgestellt! Was muss man unbedingt sehen? Die altägyptische Sammlung im 2. Stock ist Pflichtprogramm, beeindruckend ist auch die Installation »The Dinner Party« von Judy Chicago im 4. Stock. Und die Period-Rooms im 4. Stock, in denen 23 Zimmer aus amerikanischen Häusern des 17. bis 20. Jahrhunderts gezeigt werden.

Galerie Fisher Parrish
238 Wilson Avenue
fisherparrish.com
Eine Kollaboration von Tribecas In-Galeristen Patrick Parrish (S. 110) und Zoe Fisher, äußerst beliebt bei der Nachbarschaft. Der Schwerpunkt der Galerie in Bushwick liegt auf aufstrebenden Künstlern und erschwinglichen Preisen. Viele Ausstellungen sind eine Art Schnittstelle zwischen Kunst und Design (samstags und sonntags geöffnet – oder nach Vereinbarung).

Pioneer Works
159 Pioneer Street
pioneerworks.org
Dustin Yellins experimentelles wegweisendes Kunst- und Kulturzentrum in einer alten Fabrikhalle in Red Hook muss man gesehen haben. Unbedingt den Kalender der Website checken – auf dem Programm stehen spannende Konzerte und Theateraufführungen, Diskussionen, Ausstellungen und Workshops mit internationalen und lokalen Größen.

SCHLAFEN

1 Hotel Brooklyn Bridge
60 Furman Street
1hotels.com/brooklyn-bridge
Eines der umweltfreundlichsten Häuser von New York. Ein Großteil des Hotels besteht aus recycelten Materialien – von den Holzfliesen, die früher in einer Destillerie in Kentucky verlegt waren, bis zu den Industrielampen. Auch das Regenwasser wird

INSIDER-TIPP DER CREW

EINEN TOLLEN BLICK AUF DIE SKYLINE VON NEW YORK HAT MAN VOM BROOKLYN BRIDGE PARK. GERADE MORGENS IST DA WENIG LOS. MEINE FRÜHSTÜCKSTIPPS FÜR BROOKLYN SIND KAIGO COFFEE ROOM ZWISCHEN BROOKLYN BRIDGE PARK PIER 5 & 6. ODER DAS IRIS CAFÉ UNWEIT DER MONTAGUE STREET. GENERELL FINDE ICH ES GUT, WENN MAN SEINEN TAG IN BROOKLYN STARTET UND SICH DANN BIS ZUM CENTRAL PARK DURCHARBEITET.

Jacqueline Geisler
Flugbegleiterin

aufgefangen, um damit die Pflanzen des Hauses zu gießen, Energie wird zum großen Teil aus Windkraft gewonnen. Die lässig designten Zimmer haben bodentiefe Fenster, die Matratzen sind aus Hanf, und in der Dusche läuft eine Sanduhr, um die Gäste an den Wasserverbrauch zu erinnern. Vom Pool auf der Dachterrasse hat man einen Wahnsinnsblick auf die Brooklyn Bridge und auf Manhattan. Und wer nach einem anstrengenden Shoppingtag ermattet ist, lässt sich im Bamford Hay Spa massieren. DZ ab ca. 310 $.

Urban Cowboy
111 Powers Street
urbancowboy.com
Herzlich geführtes Bed & Breakfast-Gästehaus im Westernstyle, mit Holzböden und -öfen, Elchgeweih und Navajodecken. Beste Unterkunft? Das Treehouse mit zwei Schlafzimmern und offener Küche. Das Publikum? Eine junge instagramaffine Crowd aus aller Welt, die sich gern vernetzen möchte. Das Haus ist also bestimmt nichts für zurückhaltende Gäste, die viel Wert auf Ruhe und Privatsphäre legen. Zimmer ab ca. 100 $.

Wythe Hotel
80 Whyte Avenue
whytehotel.com
Hipster-Hotel in einer ehemaligen Fassbinderei in Williamsburg. Die 70 großzügigen Zimmer im Industrie-Chic mit hohen Decken, riesigen Fenstern, polierten Betonböden, gusseisernen Säulen und viel Stahl sind auf acht Stockwerke verteilt. Der Blick aus den höher gelegenen Zimmern ist echt spektakulär! Vorbildlich: Von der handgemachten Tapete bis zum Shampoo wird alles von Betrieben aus Brooklyn hergestellt. Und der hauseigene Kurator fördert natürlich vor allem lokale Künstler, deren Werke im ganzen Haus ausgestellt sind. Tipp: Dinner im Restaurant Reynards buchen – Fleisch wird hier über offenem Feuer zubereitet! DZ ab ca. 200 $.

Hotspot im Industrie-Design: Wythe Hotel

EXTRATIPP

Smorgasburg Food Market
East River State Park
smorgasburg.com
Der Himmel für Foodies, direkt am East River (samstags, 11–18 Uhr). Einer der besten Lebensmittelmärkte der Stadt unter freiem Himmel. An unzähligen kleinen Ständen kann man während der warmen Monate die köstlichsten Dinge einkaufen – und einige auch probieren. Welche Snacks darf man sich auf keinen Fall entgehen lassen? 1. Wowfulls – der Trend aus Hong Kong: Eiscreme in knusprigen Bubble-Waffeln. 2. Lobsterdamus – feinstes Hummer-Streetfood. 3. Bread & Monkey – saftiges Bananenbrot.

Oben & unten: das umweltfreundliche 1 Hotel Brooklyn Bridge begeistert mit Wahnsinnsblicken vom Pool und aus den Zimmern

DUSTIN YELLIN

Seine monumentalen dystopischen Skulpturen werden weltweit gefeiert, zu bewundern waren sie unter anderem im Lincoln Center in New York und im Kennedy Center in Washington. Seine jüngsten permanenten Installationen auf dem Sunset Boulevard in Los Angeles bekamen ebenfalls viel Applaus. Doch seinen Erfolg verwendet der Künstler Dustin Yellin nicht für eigennützige Zwecke. Mit Pioneer Works (S. 121) hat er in Red Hook, der Hafengegend im Südwesten von Brooklyn, ein richtungsweisendes Kultur-Universum erschaffen. Ein Zentrum, das Werkstatt, Galerie (u. a. wurden hier Werke von Nan Goldin ausgestellt), Denkfabrik, wissenschaftliches Labor, Konzerthalle und Partyhotspot in einem ist. Auch Hollywoodstars wie Maggie Gyllenhaal und Liv Tyler feiern hier gerne mit (dustinyellin.com).

WAS IST IHRE LIEBLINGSGEGEND, UND WARUM IST SIE SO BESONDERS?

Red Hook – wegen seiner Nähe zu den Fischen, die um New York herumschwimmen.

WELCHE ORTE IN IHREM VIERTEL KÖNNEN SIE ZUM FRÜHSTÜCKEN EMPFEHLEN?

Meine Küche für einen Everything-Bagel mit Avocado und Oliven. Oder **Court Street Grocers** (116 Sullivan Street, *courtstreetgrocers.com*), wenn man Lust auf ein Sandwich hat. Manchmal gehe ich auch zu **Rita** (293 Van Brunt Street, *ritabk.com*) oder **Ft. D.** (Fort Defiance, 365 Van Brunt Street, *fortdefiancebrooklyn.com*).

WAS UND WO ESSEN SIE GERNE MITTAGS?

Am liebsten Spaghetti mit Butter auf einem Felsen an der Hudson Bay.

KÖNNEN SIE UNS IHR LIEBLINGSRESTAURANT FÜRS DINNER VERRATEN?

Das Lokal **The Good Fork** (S. 119). Weil es dort gut ist und ich manchmal gerne eine Gabel benutze.

VERATEN SIE UNS IHREN FAVORITEN FÜR EINEN AFTER-DINNER-DRINK?

Auf jeden Fall **San Pedro** an der Ecke Pioneer Street und Van Brunt Street.

HABEN SIE EINE LIEBLINGSKNEIPE?

Ja, **Sunny's** (S. 119).

WAS IST DER BESTE ORT, UM KUNST ZU ERLEBEN?

Pioneer Works (S. 121), weil es alle Bereiche der Kunst, all die Menschen und dieses seltsame Bewusstsein, das sich durch unsere Welt bewegt, zusammenbringt.

Unternehmen Sie einen Spaziergang über die Van Brunt Street. Sie sieht aus wie eine Dorfstraße aus einem Western. Hier spielt sich das Leben ab

WELCHE SEHENSWÜRDIGKEITEN IN IHRER GEGEND SOLLTE MAN NICHT VERPASSEN?

Den Rand der Erde, wo das Wasser auf das Ufer trifft und wo die Vögel über die Zukunft unserer Spezies meditieren. Und unternehmen Sie einen Spaziergang über die **Van Brunt Street.** Sie sieht aus wie die Dorfstraße aus einem Western, hier spielt sich das Leben ab.

WELCHES IST DAS CHARMANTESTE HOTEL IN IHRER NÄHE?

Mein Gästezimmer, in dem Sie unter einem wunderschönen Gemälde eines Mitochondriums, das in einem schwarzen Loch geboren wurde, schlafen können.

WO KAUFEN SIE GERNE EIN?

Bei **Erie Basin** (S. 120), wo sehr eigene Geschichten zu fester Materie verarbeitet werden.

WAS MÖGEN SIE GANZ BESONDERS AN DIESER STADT?

Das Fährsystem wegen seiner Möglichkeiten, die Flüsse zu erkunden und die Stadt aus anderen Perspektiven zu betrachten.

GIBT ES EIN KINO, DAS SIE EMPFEHLEN KÖNNEN?

Das **Metrograph** (7 Ludlow Street, *metrograph.com*), weil das Programm so wunderbar verrückt ist.

WAS SOLLTE MAN IMMER KAUFEN, WENN MAN IN NEW YORK IST?

Zeit.

AN WELCHEM ORT DER STADT ENTSPANNEN SIE SICH?

In meinem Bett.

BESCHREIBEN SIE DIE ATMOSPHÄRE VON NEW YORK!

Rom, kurz vor dem Fall.

Früher Textilfabrik, heute Hotel: The Whyte in Williamsburg

S. 4: Courtesy of 1 Hotel Brooklyn Bridge
S. 7: Danielle Adams for BeccaPR
S. 9: Courtesy of Roman and Williams
S. 10: Shutterstock / pio3
S. 12/13: Patrick Chin for Collective Retreats
S. 14: Shutterstock / Sky Cinema
S. 17: Action Press / United Archives GmbH
S. 18: Christian Horan
S. 21: Im Uhrzeigersinn: Courtesy of One World Observatory, Courtesy of The Greenwich Hotel, Eliseu Cavalcante for Espasso, Caroline Petters for Odeon, Shutterstock / Swedishnomad.com – Alex W
S. 22: Caroline Petters for Odeon
S. 24: Clemens Kois for 10 Corso Como
S. 25: Björn Wallander for The Beekman
S. 26: Björn Wallander for The Beekman
S. 27: Patrick Chin for Collective Retreats
S. 28: Getty Images / Daniele Venturelli
S. 33: Im Uhrzeigersinn: Courtesy of Apotheke NYC, Courtesy of Roman and Williams, Shutterstock / Christian Mueller, Courtesy of Monica Vinader, Federica Carlet for Simone Rocha
S. 34: Corry Arnold for Le Coucou
S. 35: Courtesy of Epistrophy
S. 36/37: Teddy Wolff for Bombay Bread Bar
S. 39: Simon Brown for Firmdale Hotels
S. 40: Masha Maltsava
S. 42: Simon Brown for Firmdale Hotels
S. 47: Im Uhrzeigersinn: Shutterstock / chrisczy, Shutterstock / JJFarq, Emilie Baltz for Employees Only, Shutterstock / Osugi, Morandi: Evan Sung
S. 48: Emilie Baltz for Employees Only
S. 49: Courtesy of Joseph Leonard
S. 50: Courtesy of Jonathan Adler
S. 51: Alec Kugler for CO Bigelow
S. 52: Shutterstock / Tono Balaguer
S. 53: Courtesy of Morandi
S. 57: Im Uhrzeigersinn: Shutterstock / Leonard Zhukovsky, Shutterstock / Ryan DeBerardinis, Courtesy of Málà Project, Shutterstock / Daniel M. Silva, Courtesy of The Flower Shop
S. 58: Courtesy of Morgenstern's
S. 59: Steven Freihon for The Fat Radish
S. 60: Gabby Porter for Bar Belly
S. 61: Maris Hutchinson / EPW Studio
S. 63: Annie Schlechter for The Bowery Hotel, Courtesy of The Standard, East Village
S. 64: Joshua Aronson
S. 69: Im Uhrzeigersinn: Photograph by Mark Waldhauser – Courtesy Pace Gallery, Shutterstock / Andrew F. Kazmierski, Shutterstock / ARTYOORAN, Noah Fecks for the McKittrick Hotel, Annie Schlechter for Motel Morris
S. 71: Shutterstock / Felix Lipov
S. 72: Courtesy of The High Line Hotel
S. 75: Joie
S. 76: Courtesy of Apotheke NYC
S. 81: Im Uhrzeigersinn: Signe Birck for Cosme, Shutterstock / DW labs Incorporated, Paul Wagtouicz for Nur, Shutterstock Luciano Mortula – LGM, Courtesy of Gramercy Park Hotel
S. 82: Jake Chessum for Eleven Madison Park
S. 83: Patent Pending: Simmer Group, Courtesy of Fishs Eddy
S. 84: Gramercy Park Hotel
S. 85: Adrian Gaut for Freehand Hotel
S. 86: Getty Images / Mireya Acierto
S.91: Im Uhrzeigersinn: Joseph Moran for 54 Below, Le Bernardin: Shimon & Tammar, Courtesy of Kimpton Ink48, Simon Brown for Firmdale Hotels, Shutterstock / Sandy Ching
S. 92: Courtesy of Rustic Table
S. 93: Courtesy of Ophelia Lounge
S. 94: Shutterstock / DW labs Incorporated
S. 95: Simon Brown for Firmdale Hotels
S. 96: Shutterstock / PL Gould
S. 97: Courtesy of Kimpton Ink48, Shutterstock / Thiago Leite
S. 99: Courtesy of Tory Burch
S. 101: Courtesy of Tory Burch
S. 105: Im Uhrzeigersinn: Shutterstock / Oliver Foerstner, Courtesy of The Central Park Conservancy, Hulya Kolabas 2009 / Courtesy of Neue Galerie New York, Shutterstock / litttlenySTOCK, Courtesy of The Mark Hotel
S. 106 Felicia Perretti for Serendipity III
S. 107: Don Riddle for The Carlyle, A Rosewood Hotel
S. 108: Shutterstock / JJFarq
S. 109 Courtesy of The Mark Hotel
S. 110: Scott Newman
S. 112/113: Matthew Williams for Whyte Hotel
S. 117: Im Uhrzeigersinn: Shutterstock / DarylJohn, Andrea Massaad for Van Leeuwenice, Pioneer Works, Courtesy of Marlow & Sons
S. 118: Courtesy of Cecconi's Dumbo
S. 119: Kenny Rodriguez for House of Yes
S. 120: Andrea Massaad for Van Leeuwen, Erie Basin LLC
S. 122: Matthew Williams for Whyte Hotel
S. 123: Courtesy of 1 Hotel Brooklyn Bridge
S. 124: Pavel Antonov
S. 126: Matthew Williams for Whyte Hotel
Umschlag hinten: Courtesy of 1 Hotel Brooklyn Bridge

CALLWEY
SEIT 1884

© 2019
Verlag Georg D.W. Callwey
GmbH & Co. KG

Streitfeldstraße 35, 81673 München
buch@callwey.de
Tel.: +49 89 436 00 50
www.callwey.de

Wir sehen uns auf Instagram:
www.instagram.com/callwey

ISBN 978-3-7667-2392-5
1. Auflage 2019

Das Werk einschließlich aller seiner Teile ist urheberrechtlich geschützt. Jede Verwertung außerhalb der engen Grenzen des Urheberrechtsgesetzes ist ohne Zustimmung des Verlages unzulässig und strafbar. Das gilt insbesondere für Vervielfältigungen, Übersetzungen, Mikroverfilmungen und die Einspeicherung und Verarbeitung in elektronischen Systemen.

DIE AUTORIN

Marianne von Waldenfels ist Journalistin und Autorin und lebt in München. Nach ihrem Volontariat an der Axel-Springer-Akademie und Stationen bei Gruner & Jahr und ProSieben war sie die letzten neun Jahre stellvertretende Chefredakteurin der Zeitschrift *Instyle.* Zusammen mit Jennifer Dixon hat sie 2018 im Callwey Verlag das Modebuch *Wir lieben Vintage* veröffentlicht.

HINTER DEN KULISSEN

Nachdem sowohl Vanessa von Bismarck als auch Tory Burch das Restaurant Bohemian in der Great Jones Street in NoHo empfohlen hatten und ich japanische Küche liebe, wollte ich es unbedingt ausprobieren. Es liegt im ehemaligen Haus von Andy Warhol, Jean-Michel Basquiat hatte hier sein Studio. Leider war es echt schwer, einen Tisch zu bekommen. Trotzdem: Selten habe ich so gut japanisch gegessen wie an diesem Abend. Und der Service war herausragend! Noch ein Tipp: Wer in die Hamptons rausfahren möchte, sollte statt dem Hampton Jitney den Hampton Ambassador nehmen. Der kostet nur ca. 15 $ mehr, dafür hat man extra breite Sitze, viel Beinfreiheit, Wifi und bekommt eine Auswahl freier Getränke und Snacks an den Platz.

Dieses Buch wurde in **CALLWEY-QUALITÄT** für Sie hergestellt: Beim Inhaltspapier dieses Buchs haben wir uns für ein LuxoArt Samt in 150 g/m² entschieden – ein matt gestrichenes Volumen-Bilderdruckpapier. Die gestrichene, matte Oberfläche gibt unseren Bildern den gewünschten Charakter und bringt die bekannte Callwey-Bildsprache optimal zur Geltung. Die Softcover-Gestaltung spricht für sich, hier kommt das Buch fast ohne zusätzliche Veredelung aus.

Dieses Buch wurde in Deutschland gedruckt und gebunden bei der Druckerei optimal media GmbH in Röbel/Müritz.

Viel Freude mit diesem Buch wünschen Ihnen:

Projektleitung:
Raffaela Reif
Lektorat:
Asta Machat
Grafische Gestaltung:
Schmid/Widmaier,
Design und Kommunikation
Herstellung:
Franziska Gassner
Korrektorat:
Gabriele Hoffmann
Illustrationen:
Mateja Kovac